ABEL P

206 7630329

951 279 5689   951193239

Pedro EKKE

287 112 1180

951 219 7126

3310137434

617 1028989

LAGARTOS REPRENSIBLES

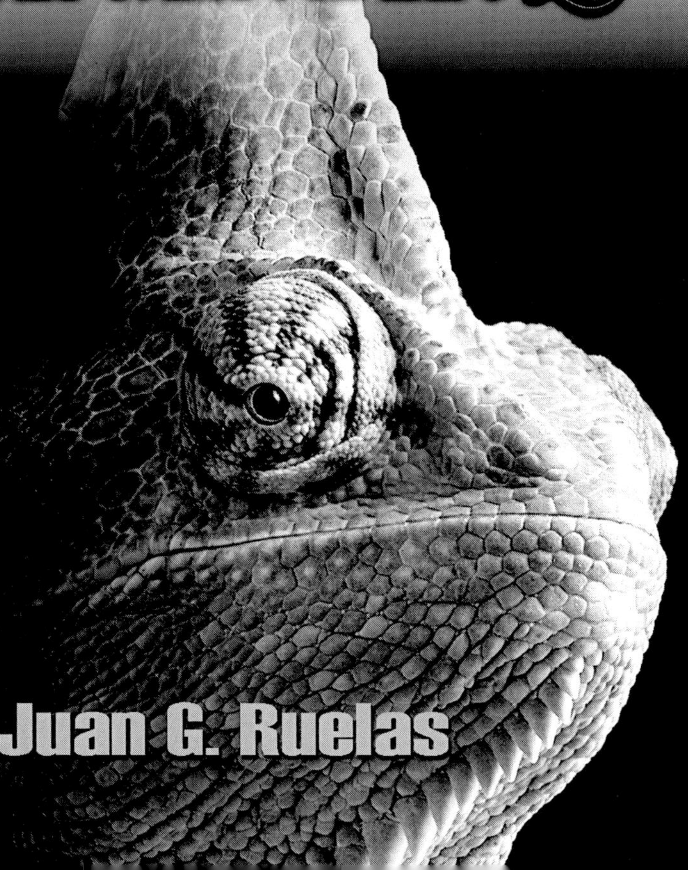

Juan G. Ruelas

LAGARTOS REPRENSIBLES

por Juan G. Ruelas

Primera edición - mayo, 2012

ISBN: 978-1-937094-10-2

Publicado por
Editorial RENUEVO
www.EditorialRenuevo.com
info@EditorialRenuevo.com

LAGARTOS REPRENSIBLES

A veces todo lo que necesitamos es un poco de orientación

_____

Juan G. Ruelas

Contenido

Preámbulo 9

Capítulo 1 17
La década de los 30

Capítulo 2 25
El Lagarto

Capítulo 3 29
El Lagarto, ¿Nace, se Hace o lo Hacen?

Capítulo 4 35
Diferentes tipos de Lagartos

1   El lagarto conformista 42
2   El lagarto camaleón 47
3   El lagarto cocodrilo 57
4   El lagarto envidioso 79
5   El lagarto vicioso 88
Pequeño encuentro entre la verdad y los vicios 90
6   El lagarto dramático 104
7   El lagarto perezoso 107
8   El lagarto coqueto 122
9   El lagarto mentiroso 132
Tipos de mentiras 135
10   El lagarto corrupto 141
Efectos de la corrupción 144
11   El lagarto manipulador 146
12   El lagarto sensible 151
13   El lagarto enojón 165
14   El lagarto inestable 167
15   El lagarto narcisista 169
16   El lagarto desidioso 173

Capítulo 5 175
Como matar al Lagarto que llevamos por dentro

Capítulo 6 193
No hay que ser cómplices de los Lagartos

Capítulo 7 201
Cómo evitar ser un Lagarto

Preámbulo

Hace muchos años allá por el año 1927, en la costa del océano pacifico, del Estado de Colima, de la República Mexicana, se asentó un pequeño grupo de once familias de campesinos. Crearon una ranchería que le llamaron "Los Once Pueblos". En 1931 al inicio del reparto agrario, se añadieron otras 16 familias y el grupo creció dotándoseles oficialmente, más o menos con 257 hectáreas de tierras selváticas pero susceptibles para ser cultivables. Las tierras fueron expropiadas a la Hacienda de Armería, registrándolas en el Padrón Nacional con el nombre de Comunidad Agraria del "Ejido Independencia".

Aquel grupo de 27 familias campesinas no sabían leer ni escribir. Gustosos y animados por haber obtenido la categoría de "Ejidatarios", se dispusieron a abrir sus tierras al cultivo. Al principio fue sólo para sembrar rudimentariamente, maíz, frijoles y hortalizas para el autoconsumo y supervivencia familiar. Lo cual, desde luego no alcanzaba para proyectar ninguna posibilidad de desarrollo económico ni cultural de la comunidad.

En el mismo meollo y médula de la dotación ejidal, quedó a salvo una superficie colindante como de 80 hectáreas, plantadas de palma de coco de agua en plena producción. A esa superficie la señalaban como "Las huertas de las humedades". Los dueños de la hacienda se la habían vendido a Don Pascual Moreno Barreto, un michoacano emprendedor, que muy pronto destacó en los negocios. Las huertas de cocos le representaban su principal fuente de ingresos de dinero, porque a los cocos les sacaba la pulpa, la secaba poniéndolas al sol en grandes eras. Luego la pulpa seca (la copra) la almacenaba y cada año la vendía al mejor postor. Para todo ese proceso, el dueño requería de los brazos de los obreros campesinos.

Los ejidatarios, al ver que las palmas de coco le daban buen negocio a Don Pascual, decidieron copiarle y plantar palmas. Pero no tenían las semillas. Entonces planearon adquirir de Don Pascual las plantas de coco que les fuera posible, bien compradas o regaladas. Lo importante era hacerse lo más pronto posible de esas plantas. El plan no caminó fácil; el mentado Don Pascual Moreno rechazaba a los ejidatarios y mejor optaron por otro camino, con Estephano Guersy, un italiano dueño de la "Hacienda de Periquillo", que estaba muy cerca del Ejido Independencia, quien aparentemente simpatizaba con ese grupo de agraristas y a la sazón, fue el que les proporcionó muchísimas simientes y la mayor cantidad de semillas ya germinadas y listas para plantarse donde quedarían establecidas para muchas décadas de años después.

No obstante, tenían que esperar hasta cinco años para que las palmas dieran frutos. Mientras tanto, tenían que organizarse para trabajar de jornaleros tres días de la semana y los otros tres en sus tierras para poder comer; e inventar como alimentarse en la temporada de secas cuando nadie requería sus brazos campesinos. Estos campesinos se dieron a la tarea de construir a pico y pala un canal para meter el agua rodada del río Armería; y de esta suerte poder hacer de riego sus parcelas para cultivar maíz, frijoles, chiles, jitomates, cebollas y a la vez plantarlas de plátano, que era más rápida y rentable la producción, e ir intercalando surcos de plantas de coco. Fueron años de muchos esfuerzos y sacrificios. Pasaron hambres y necesidades increíbles, muchos dolores y enfermedades, desvelos y miserias, pero lo lograron.

Los cultivos de plátano "Roatán" sacaron de pobres a los campesinos. Todos tuvieron oportunidad de progresar. Se dice que el negocio de los plátanos fue tan bueno que hasta los caballos comían maíz y bebían cerveza. La mayoría de los ejidatarios se volvieron locos de contento; que pronto le dieron gusto al ocio. Sus borracheras eran tan frecuentes que despilfarraban el dinero en los burdeles y cantinas, perdiendo el tiempo en la ociosidad.

Parecía que estos ejidatarios se habían esforzado a cultivar sus tierras sólo para derrochar. No sabían nada de querer ahorrar; creían que el maná del cielo nunca iba a dejar de caerles. La mala noticia fue que nunca echaron de ver, que el cultivo de plátanos era transitorio, como todo en la vida. Su tiempo de aprovechamiento requería de una constante investigación científica para mantenerse o mutarse mediante métodos técnicos a fin de irse haciendo resistente a plagas y enfermedades. Ellos ¿qué sabían? y a ellos ¿qué les importaba eso? Mientras el corte de plátano lo efectuaban cada 20 días y cada 20 días recibían un buen bonche de pesos, que en cuanto se lo acababan ya estaba el nuevo corte; sin ningún costo, porque aquellas tierras vírgenes, de momento no requerían de fertilizantes ni agroquímicos — sólo sembrar, cosechar y cobrar. ¡Qué fácil! Así al ejido le dieron ampliación de tierras y creció a una superficie casi de 2,000 hectáreas, y el núcleo aumentó a 185 jefes de familia.

Como a los cuatro años sin saber de dónde, les cayó una plaga, "el chamusco". Este consistía en el entristecimiento de los vástagos de plátano. Las hojas de los plátanos se iban doblando hacia abajo, y secando hasta quedar como carbonizadas. Los racimos de plátano se desprendían tiernos hacia el piso. Aquello fue espantoso, como una maldición por el mal uso del dinero. Cuando vinieron los expertos, dijeron que se trataba de la enfermedad llamada "el mal de panamá". Eso fue lo único que les informaron a los ignorantes ejidatarios. Intentaron varias veces replantar, no sabiendo que "el mal de panamá" ya se había apoderado de esa variedad de plátano "Roatán". Y la realidad les dijo que "el chamusco" no tenía ninguna cura, y que esa enfermedad se comportó tan implacable, despiadada y devastadora que les acabó la fiesta. Todo, por no prevenirse, por no prepararse, por no evolucionar, por no mudarse de sus costumbres lagartonas y flojas y de sus pensamientos arcaicos.

Pero Dios es grande y la naturaleza de esas tierras fue prodigiosa. Al mismo tiempo que se iba limpiando la vastaguera muerta de los plátanos, iban surgiendo los surcos de palmas jóvenes y esplendorosas ensayando sus primeros frutos. Solo esperaron unos meses y las plantas de palma de cocos, ¡ya estaban produciendo! ¡Qué maravilloso! Al quedar libre y solamente las palmas, se desarrollaron rápidamente. Se veían hermosas, exuberantes con sus racimos de cocos y palapas largas, pareciendo un monumental oasis por aquellos parajes. Dadivosamente producían sorprendentes cantidades de cocos. El corte lo hacían cada cuatro meses y para su fortuna, el aceite de coco tenía mucha demanda. Y por consiguiente, los cocos eran tan fáciles de venderse, que hasta a las mismas huertas el comprador acudía por los cocos ya recolectados en cada una de las parcelas.

Y otra vez, aquellos ejidatarios volvieron a las mismas. Pero ya eran más muchos. También los hijos ya ejidatarios copiaron el estilo ocioso de comportarse, borrachos y desobligados. Aunque ni siquiera hubieran plantado una sola palma, disponían de una parcela de buena producción de cocos que cada cuatro meses producía. Las parrandas y los alborotos en los burdeles, palenques de gallos, plazas de toros y en las ferias los escándalos desenfrenados reinaban en aquel ambiente, donde las mujeres no santas eran comunes. Los corredores de apuestas y los mercaderes, se beneficiaban con ganancias por las boberías alocadas de aquellos fanfarrones campesinos que retozaban al ruidoso sonido de la tambora y los mariachis. En eso invertía especialmente su tiempo y el dinero la mayoría de esos individuos.

¡Qué casualidad! Parecían divertirse. Pero en realidad eran unos campesinos desviados por el ocio. Pues no tenían sueños de superación familiar para encontrar la felicidad espiritual, para encontrar la paz interna en sus corazones y tener la inteligencia de prevenir el futuro de sus descendientes. Y con sus actitudes desbaratas, parecía que buscaban condenar a la desventura y la desdicha a las nuevas generaciones de aquel lugar.

No aprendieron la lección que les había dado "el chamusco" con el plátano "Roatán". Les azotaron varios huracanes, diversos terremotos, y les cayó a las palmas la enfermedad del "Anillo rojo", hongo interno venenoso, que desató la plaga del "mayate picudo de la palma" por lo que disminuyó la producción de coco. Sorpresivamente se desplomó el precio de los cocos y ni así recapacitaron. Se quedaron esperando tontamente que de nueva cuenta del cielo les lloviera el manjar. La mayoría de ellos fueron un desastre como esposos, como padres, como abuelos y como ciudadanos. Nunca progresaron y se desmoronaron en la desgracia económica, en el desprestigio social, en la rutina de la mediocridad y en el retraso de la ignorancia cultural; provocando que las nuevas generaciones salieran de ese pueblo emigrando especialmente a los Estados Unidos.

¡Caray! A pesar de todo Dios es grande y la evolución divina y misteriosa nadie puede detenerla. Hoy en día los descendientes que emigraron a los Estados Unidos de aquel medio ambiente de pesimismo y desolación espiritual son jóvenes inconformes, en busca de nuevos horizontes que representan la esperanza de una nueva vida.

Es para todo aquel emigrante a quien va dirigido este ensayo. Pues nos encontramos en un país que nos ofrece la libertad de emprender algo para ser quien quiéranos ser, aplicando modos diferentes de pensar y de aplicar ideas creativas y emprendedoras. Solo es cuestión de no convertirse en un lagarto, cometiendo los errores que nuestros antepasados han cometido. Recordemos que los frutos de nuestro trabajo son para planificar el futuro y no para el ocio.

Es para Ud., amigo emigrante, a quien va dirigido este humilde y pequeño ensayo; para Ud. quien no tiene culpa del fracaso social, económico y político de un país; para Ud. quien es la consecuencia de las malas decisiones de alguien o ¡de las propias suyas!

el autor

Lagartos Reprensibles

La década de los 30

En cierta ocasión, por las brechas de los campos de Armatlán, un grupito de muchachos a pedradas correteaban a un lagartijo, queriéndolo apresar, cuando aparece otro más añejito y les grita como regañándolos:

—¡Hey, pué' muchachos! ¡No maten a eje "machumbo"! ¡Déjenlo en pa'!

Uno de ellos contesta, —¿Cual "machumbo"? Eso es un lagarto y quiero atraparlo y matarlo pa' luego llevárselo a mi abuela pa' que se lo pueda mostrar a mi tía, que anda media aturdida!

—No pué', allá en Veracrú' se llaman "machumbos", y lo' brujo' lo' ocupan pa' reclamar a la gente mala.

—Bueno, pué' entonces mi abuela sabrá qué hacer con este lagarto.

Lo que pasaba era que aquel muchacho relacionaba al lagarto con las advertencias que su abuela le sermoneaba todos los días a una de sus tías y matraqueándole cada vez que ésta salía de la casa, le advertía:

—Fíjate bien con quién hablas; cuídate, y no te vaya a enmarañar uno de esos lagartos. Esos tipos falsos que andan por la calle engañando y lisonjeando a las mujeres, queriendo acomodarse para vivir sin trabajar, ¡y si te vuelas con sus relamidos piropos ya estas cayendo enganchada en sus mañas! ¡Defiéndete; no tienes para qué mirarlos ni mucho menos platicar con uno de esos vividores!

«Y ¡tú también!» —dirigiéndose al marido— «Cuando salgas a caballo, ¡te cuidas de que no se te monte una lagartona de esas! y se aproveche de tu machismo humanitario y caritativo para enredarte con la cola y bajarte hasta lo que no has ganado todavía.»

Pedro, al cabo de diez años, fue un muchacho que además de gustarle corretear lagartijos, iguanas, armadillos, etcétera, se convirtió en un muchacho juicioso que se deprimía por ver tanta conmiseración en su casa y le preguntaba a su abuela María, «¿Por qué en este lugar se encuentran tan pobres y retrasados?»

Y la abuela María, que era una mujer luchadora, honesta, emprendedora, con un prestigio y credibilidad muy por encima de su marido, pacientemente le dijo a su nieto, —Te voy a contar algo que tú debes saber:

—Transcurría la década de los años 30 del siglo 20 en un lugar llamado Armatlán, donde se asentaron varias familias campesinas, aprovechando el reparto agrario de aquella época. Resulta que Don Lencho y Doña Lencha formaron una familia como de una docena de hijos. Equilibradamente 6 varones y 6 hembras, vivían en una casa con techo de palapa, cercada de carrizo y el piso de tierra. Conforme iban transcurriendo los años, Don Lencho y Doña Lencha se sentían más conformes. Nunca hacían esfuerzos extraordinarios, ni se preocupaban por ahorrar nada, ni siquiera mandaban a sus hijos a la escuela.

En fin, no tenían sueños de nada, o ambición de planificar un mejor nivel de vida.

En fin, no tenían sueños de nada, o ambición de planificar un mejor nivel de vida. Simplemente consideraban que su elemental actividad agrícola de cosechar cocos cada cuatro meses les era suficiente para vivir.

—Así se les fueron pasando los años y nunca se les ocurrió a ninguno de ellos la idea de al menos construirse una vivienda digna, donde pudieran enfrentar los huracanes y terremotos que con frecuencia azotaban la zona. Simplemente la idea de prosperar, para ellos significaba una molestia, una contrariedad, una cuestión de esfuerzo.

—Pues bien, aquel lugar tendía mucho a desarrollarse en base a la participación organizada del grupo fundador del pueblo, a fin de que las porciones de tierra que les habían tocado fueran productivas y progresivamente fueran destacando cada familia en su economía. No fue el caso de Don Lencho y Doña Lencha, porque nunca jalaron parejo. Siempre estaban enjuiciando y justificando su falta de participación, porque sus hábitos eran siempre de evadirse cuando se les llamaba. Y rehusaban asumir los compromisos de trabajo que les correspondían, ni siquiera en su propia parcela.

—En una ocasión, se les convocó a todo el grupo fundador para levantar una cosechita de maíz. Pero Don Lencho se perdió, y Doña Lencha justificó que había ido al pueblo a comprar un poco de carne de res para comer. Como a los tres días apareció Don Lencho. Llegó borracho con un tasajo de carne en el costalillo ya hedionda y con gusanos, sin un peso en el bolsillo — ¡aaaah! — pero eso sí reclamando su parte del maíz.

—De tal suerte fue la indolencia de Don Lencho que por último, usaba las creencias religiosas de que el dinero era malo. Y pregonaba que cualquier intento por mejorar su nivel y calidad de vida, representaba un pecado. Y por otra parte no aceptaba deberes cívicos o responsabilidades de colaboración municipal. Todo ese desbarajuste mental, provocó que todos sus hijos, nietos y bisnietos, heredaran las mismas actitudes de no esforzarse. Siendo perezosos, desidiosos, apáticos, dejados e indiferentes hacia toda iniciativa emprendedora, hoy se puedan ver como una gran familia de lagartos. Los hijos varones se casaron, pero nunca se preocuparon por educar a sus retoños. Las hijas igualmente se casaron con lagartones y como dice el dicho, «Lo que tiene la olla, saca la cuchara», porque toda la descendencia salió igual, borrachines y muy buenos para nada.

—En otra ocasión, un amigo que no estaba de acuerdo con la forma de pensar de Don Lencho, le propuso, «Hay que hacer algo; si el palmar ya no es negocio, hay que sembrar frijoles, hortalizas o cualquier otra cosa para que la tierra nos dé algo más e ir saliendo de esta situación». Pero Don Lencho evadió la propuesta y simplonamente dijo, «No, no, no, la tierra está cansada, y hay que dejarla descansar y ya en algún tiempo veremos a ver si sube el precio de los cocos, o ya "Dios dirá"».

Siendo perezosos, desidiosos, apáticos, dejados e indiferentes hacia toda iniciativa emprendedora, hoy se pueden ver como una gran familia de lagartos.

Pedro todavía no podía creer que los individuos a quienes la abuela hostigaba como lagartos estuvieran tan despreocupados y peor aun que sus descendientes siguieran igual y le preguntó a la abuela, «¡Óigame! pero si los hijos de Don Lencho y Doña Lencha y mi abuelo tienen tierra fértil, agua del río y mercado en donde vender su producción de coco, ¿qué es lo que hacen con todo el dinero que sacan de los palmares?»

—Mira m'ijo, la cosecha de cocos viene cada cuatro meses. Cuando venden esa cosecha, en el caso de tu abuelo lo que hace es ausentarse de la casa para gastar totalmente el dinero en parrandas con sus amigos. Y no regresa hasta que acabó con todo. Otros piden dinero adelantado en deterioro del precio y cuando hacen la cosecha ya no les alcanza para cubrir lo que pidieron prestado.

Y lo peor de todo es que van dejando el mal ejemplo.

El problema es que no quieren hacer nada más que estar alagartados hasta que se llegue el plazo de cortar el coco. Todo el tiempo se la pasan de haraganes. Y lo peor de todo es que van dejando el mal ejemplo. Y sus herederos que no han plantado ni una palma, no les interesa cumplir las responsabilidades y obligaciones en sus casas. Y dicen juntar el dinero de la producción que nada les costó, para despilfarrarlo en las ferias, con mariachis, en las cantinas con mujeres y queridas, hasta apostando en las peleas de gallos y las carreras de caballos. La creencia de estos señores es, que para ser muy hombre hay que tener muchas mujeres, tener muchos hijos y gastar mucho dinero.

—De esta clase de lagartos, individuos hipócritas, pícaros, ladinos; sujetos marrulleros, arteros y escurridizos; tipos cobardes, astutos, ventajosos y mentirosos, fueron los que atrancaron el desarrollo cultural y económico en Armatlán— concluyó la abuela.

Y en ese medio ambiente fue donde Pedro vivió sus primeros 15 años.

El Lagarto

Aun con todos esos cuestionamientos, aquel muchacho no entendía por qué su abuela comparaba con lagartos a esos individuos. Y se le ocurrió investigar en la biblioteca, algo sobre los lagartos con los que él se divertía persiguiéndolos. Encontró que "Lagarto" quiere decir astuto, hipócrita, falso, escurridizo, cauteloso, ventajista, no transparente, indefinido, etc.

Además de eso, también encontró que había algunos posibles antecedentes de esos animales ovíparos, cuyo origen se supone que son descendientes de los dinosaurios, reptiles gigantescos de la prehistoria. Sumamente dependientes del follaje de los árboles para alimentarse, que por haber sido tan glotones, acabaron con la vegetación. Como eran tan pesados y perezosos, les costaba mucho tiempo y trabajo trasladarse a buscar otros parajes en donde alimentarse. Y terminaban por acostarse a dormir esperando que retoñara el bosque para no morirse de hambre. Por lo tanto, la sabia naturaleza, para que estos seres vivientes no se extinguieran, su evolución fue reducirlos de tamaño y convertirlos en lagartos, dotándolos de mejores tendencias de supervivencia.

'Lagarto' quiere decir astuto, hipócrita, falso, escurridizo, cauteloso, ventajista, no transparente, indefinido, etc.

Así fue cómo surgieron los reptiles de la orden de los lagartos, de diversos colores y apariencias engañosas, que se confunden en su medio ambiente; de sangre fría pero con más astucia que sus antecesores. Ahora son anfibios y además de comer vegetales, también comen insectos o vertebrados indefensos. Con esta hipótesis se presume a los cocodrilos, los camaleones, los lagartos, las besuconas, los basiliscos, las salamandras, las iguanas y muchas otras especies que siguen siendo dependientes de la original flojera depredadora, cuyos instintos o demostraciones de protección de la mayoría de estos lagartos, utilizan su piel, su cuerpo, y la lengua para luego astutamente perderse de vista. Aunque también los hay de colmillos afilados y venenosos.

Después de esa breve indagatoria, al muchacho no le quedaba todavía clara la comparación entre los lagartos con los individuos de los que había que cuidarse. Por lo que se dio a la tarea de encontrar el mensaje de la alusión que su abuela hacía de los "lagartones" y las "lagartonas". Fue en ese momento cuando a Pedro le sobrevino la idea, que para comprender la metáfora, hay que pensar, que sí de la evolución de los dinosaurios resultaron los lagartos, pues de los lagartos es de sospecharse que estos han transmitido su devastadora flojera a otros bichos rastreros como las ratas y ratones, las cucarachas y los alacranes. Entonces, he aquí la comparación con algunos individuos que se asemejan en actitud y carácter a los animales, perversos, malignos, dañinos o alimañas similares a los sujetos antropófagos, cuya existencia puede recordarse como inhumana, monstruosa y cruel con sus semejantes.

En la medida que Pedro iba saliendo de su juventud, y habiendo terminado sus estudios universitarios, encontró, que efectivamente había muchos individuos que tenían características similares a los lagartos. Pues conoció a sujetos que se resistían a ser productivos, prefiriendo vivir en la mediocridad y en la vulgaridad de su ineficiencia, para permanecer en su flojera colgados del sustento original de sus padres y de cualquiera que se deje. Como decía la abuela: «Los lagartos son como el becerro añejo: quieren mamar y comer zacate a costillas de la madre, o de quien se deje».

Lo mismo con otros individuos que se acostumbraron

a vivir de la ayuda del gobierno o que se aferraron a ser burócratas continuos con salario insuficiente a sabiendas que nunca llegarían a cumplir sus objetivos personales. Esta clase de hembras o machos viven sin ningún proyecto propio para superarse. Siempre andan buscando colgarse de otras personas y permanecen emboscados y al acecho de algún prójimo que les resuelva sus necesidades. Algo así como diciendo: «Al que buen árbol se arrima, buena sombra lo cobija», para vegetar astutamente dependiendo siempre de los que tienen algo que comerles.

De la misma suerte, nos podemos encontrar con individuos que actúan como los bichos rastreros, que en cuanto uno les prende la luz, les limpia el piso o les ilumina el camino, se espantan, se desparraman y se esconden en el primer hueco que encuentran.

Con estas observaciones —reflexionó Pedro— entonces mi abuela se refiere a esta clase de individuos cuando menciona a los "lagartos y lagartonas" de los que hay que cuidarse.

El Lagarto, ¿nace, se hace o lo hacen?

Pedro, quien ya era un profesionista, no estaba conforme al comprender la metáfora de los "lagartos y las lagartonas". Quiso indagar si estos individuos ya venían de nacimiento o en qué momento se adaptaron a esa forma de convivencia. Lo cual requería levantar la mira e investigar para alcanzar las respuestas a sus interrogantes.

En la biblioteca de su casa, encontró un trabajo de psicología empresarial para la superación personal. Con la colaboración de uno de sus antiguos Profesores, inició una investigación, en la cual iba confrontando puntos de vista y poniéndose de acuerdo para ir resumiendo consideraciones que fue desplegando y escribiendo.

Primero investigó que todos los niños y todas las niñas, vienen dotados de su propia inteligencia, y que las astucias, las mañas y las costumbres las adquieren del medio ambiente donde viven y de la gente que los rodea. Es decir, que ningún ser humano nace lagarto. Todo depende de la campiña donde y

como se hayan criado. Sin embargo, en la nutrición de sus pensamientos, está primero el sustento del pensamiento de sus padres.

Ningún ser humano nace lagarto.

Donde dichos padres aprovecharon la necesidad de acumular sabiduría de sus errores, fueron unos padres nutritivos para sus hijos. De haber sido así, estos padres formaron fuertes a sus hijos, para que lo más pronto posible se independicen y se enfrenten a la vida, y dichos hijos se hagan cargo por lo menos de sí mismos. Por lo tanto, los lagartos no nacen, los hacen o se hacen.

Es muy posible que quien lea el párrafo anterior se pregunte, ¿cómo está eso de que «los lagartos los hacen o se hacen»?

No es difícil entenderlo, cuando la madre y el padre inocentemente piensan que amar es apegarse muchísimo a sus hijos, decidiendo darles absolutamente todo lo que les da la gana y evitándoles cualquier esfuerzo, lucha, sacrificio y dolor. Desde ese momento el papá y la mamá se consideran dueños absolutos de sus hijos y se establecen como sus bienhechores perpetuos. Por lo tanto se creen los protectores inmortales de sus descendientes. Nunca quieren salirse del circulo de autoridad tutelar de esos hijos eternos. Pues el tener autoridad les causa satisfacción. Hasta les siguen llamando "el niño" o "la niña". Esos son los hijos que por ningún motivo ni en ninguna circunstancia quieren dejar de depender de "mami" y de "papi". Y estas inocentes criaturas, desde niños y desde niñas, aunque hayan nacido buenos e inteligentes, los padres los sobreprotegen. Los acorralan, los envuelven, los sobornan con todo lo que pueden, y luego se van transformando en los "lagartos de la campiña". Esa obsesión de proteccionismo o sobreprotección de "mami" y "papi" a los hijos, mientras van creciendo, no les dejan ver el pasado, ni el presente, ni mucho menos el futuro. Todo el grupo familiar, padres e hijos, viven en el aire navegando para donde el viento les sopla.

¿Entonces, son los padres los que hacen a sus hijos lagartos cuando cometen la exageración de consentirlos ciegamente, adorarlos por sobre todas las cosas y sobreprotegerlos sin medida ni justicia?

En el contexto de consentir, adorar y proteger ciegamente a los hijos, impulsivamente hasta el delirio, la verdad es que eso no es amor hacia ellos. Más bien puede llamársele un exceso de egolatría y vanagloria maternalista o paternalista. Pues el escenario que se ha visto, se asemeja a una bilateral idolatría en la que muchos padres terminan subyugando a sus hijos, para que nunca crezcan independientes, y así poder seguirlos controlando en sus vidas. Con esta forma, parecería que esas niñas y esos niños se desarrollan al revés, como unos seres que caminan de reversa, en sentido contrario a su naturaleza y que cada día van sintiéndose más dependientes, creyéndose venerados como si fueran lo único y lo más importante de la casa. Se sienten protegidos viviendo en la esfera donde los tienen. Por lo tanto al paso de los años, así

Todo el grupo familiar, padres e hijos, viven en el aire navegando para donde el viento les sopla.

como las ranas y los sapos, se quedan atrapados en su estanque, cantándole al cielo para que no salga el sol y que siempre llueva. Igualmente así sucederá con todos estos niños y niñas consentidos, adorados y protegidos, que cuando crecen siempre evitan cualquier actividad que requiera esfuerzos, sacrificios o algún riesgo.

Pero luego a papá y a mamá se les revierte la situación, "les sale el tiro por la culata". Entonces son los hijos ya "lagartones o lagartonas", quienes terminan manipulando a sus padres, induciéndolos a que decidan como a ellos les conviene o de lo contrario como cuando niños hicieron berrinches y pataletas, ahora que son adultos son agresivos, exigentes y no respetan ni a sus propios padres. Y cuando el manipuleo no les resulta, recurren a las amenazas y al chantaje, advirtiéndoles a sus padres, que si no acceden a sus peticiones, los padres serán los culpables de sus desgracias. Pues eso les permite no hacerse responsables de sus actos. Es más cómodo y menos riesgoso que los viejos carguen con las culpas que ellos con la responsabilidad. Lógicamente, cuando los viejos ya no puedan o ya no existan, sólo conseguirán a otros a quien culpar de sus equivocaciones y que les arrimen lo que necesiten y les resuelvan todo lo que les vaya atrancando.

Diferentes tipos de Lagartos

Las consecuencias muy pronto las comienza a sufrir la sociedad en general, en las calles, en los negocios, en los lugares de trabajo, en el gobierno y en las nuevas familias donde habitan camuflados estos lagartos. Aparecen de diferentes tipos, ya más disimulados y enmascarados, ocultando sus mañas.

Por eso es muy importante mencionar en qué ambiente se manifiesta el lagarto que llevamos por dentro. En un sistema económico como el que vivimos aquí en los Estados Unidos y en otros países, la estabilidad económica no se la garantiza el gobierno, sino que es de la exclusiva responsabilidad de uno, según su capacitación y esfuerzo. Todo mundo tiene la libertad de elegir trabajar donde le plazca, y también tiene la libertad hasta de no trabajar. Puede ser un vagabundo si le da la gana, o puede emprender un negocio si quiere. Es precisamente en esa libertad que tiene, donde se revela el tipo de lagarto que posee. Pues muchos eligen trabajar por conveniencia y no por vocación productiva.

Lamentablemente no todos los individuos desarrollan sus potencialidades, debido a que poseen un lagarto o una serie de lagartos que les impide luchar por sus sueños.

Los países que ejercen la libertad de empresa, como los EEUU, consideran la libertad como uno de los valores supremos del hombre, afirmando que es posible organizar la vida económica de los individuos alrededor de ese principio fundamental. En un sistema de libertad de empresa, es conveniente y necesario que los individuos desarrollen sin excusas todas sus potencialidades de pensamiento, de tal modo que puedan alcanzar sus sueños o las metas que ellos mismos se tracen, para contribuir a su bienestar e, indirectamente, al de la sociedad en su conjunto. Lamentablemente no todos los individuos desarrollan sus potencialidades, debido a que poseen un lagarto o una serie de lagartos que les impide luchar por sus sueños.

Es un privilegio vivir en un sistema económico como el que vivimos, en que los factores de producción están sujetos a la iniciativa propia y al esfuerzo propio y a la adquisición privada que se utiliza para obtener beneficios a sus propietarios, produciendo bienes y servicios que se venden directa o indirectamente a los consumidores.

Es un privilegio vivir en un sistema donde uno sabe que si trabaja fuerte va a cosechar buenos frutos y disfrutarlos sin temor de que el gobierno se los vaya a quitar. La libertad de empresa es un vehículo para aquellos individuos que desean ser alguien en la vida. Es la libertad de ser quien Ud. quiera ser, basado en el esfuerzo que esté dispuesto a poner.

La libertad de empresa es el derecho real de auto sustentarse económicamente mediante la creatividad y visión del libre mercado, según la habilidad para descubrir oportunidades de ganancias, en un entorno donde los impuestos y regulaciones son mínimos pero suficientes para que el estado pueda garantizar la seguridad pública y efectivamente proteger la vida, la libertad y la propiedad privada de los trabajadores y empresarios. La libertad es propiedad — propiedad privada de uno mismo — de lo que produce y de lo que adquiere legítimamente. Es la libertad de ser quien uno quiera ser según sea su esfuerzo.

Podríamos decir que el lagarto que llevamos por dentro se manifiesta en el momento que decidimos luchar por algo que llevamos dentro, nuestro sueño. Es precisamente en esos momentos de decisión o indecisión donde se manifiesta el lagarto: la excusa, la flojera, la inseguridad, la duda, el manipuleo, el ego, la avaricia, etcétera.

Sin duda la vida es el camino que formamos mientras caminamos hacia donde soñamos por el mundo.

Sin duda, la vida es el camino que formamos mientras caminamos hacia donde soñamos por el mundo.

Por esta razón debemos preguntarnos, ¿qué es lo que nos impide luchar por lo que queremos? ¿La mentira? ¿Lo ventajista? ¿La flojera? ¿Qué es eso que anhelamos, desde el fondo y principio de nuestros pensamientos, que no nos atrevemos a luchar por ello? ¿Qué es eso que Dios puso en nuestro corazón, para que no lo consigamos? Dios no le hizo el arca a Noé, sólo le sembró una asignación ardiente para que lo hiciera. Estoy seguro de que Noé tuvo que vencer sus dudas y criticas y tener fe en el mensaje de Dios, a pesar de las críticas.

De la misma manera Dios sembró en Moisés ese deseo ardiente de liberar a su pueblo de los egipcios. Moisés dudaba que pudiera. Moisés llevaba consigo una serie de lagartos: baja autoestima, dudas, falta de convicción. Dios no caminó por Moisés en el desierto para que liberara a su pueblo, sino que Moisés mató a sus lagartos que llevaba por dentro y tuvo que caminar hacia la asignación que se le dio con sus propios pies.

¿Cuál es la misión individual de Ud. en este mundo? ¿Cree que la vida por sí sola va a construir su propio destino? Ya sea un destino lleno de éxito, prosperidad, alegría y felicidad, o quizás un destino lleno de calamidades, inestabilidad familiar, miedos e inseguridades y de angustias — ¡reflexionemos! Como bien recitó Amado Nervo: «Cada quien somos arquitectos de nuestro propio destino», y encontraremos que nuestro destino será según lo construyamos, conforme a nuestros "sueños" y las metas que nos determinemos. ¡Y todos cosecharemos lo que sembremos según nuestras decisiones o indecisiones!

¡Y todos cosecharemos lo que sembremos según nuestras decisiones o indecisiones!

Es importante entender que el tiempo es inexorable; no se detiene. Nada es estático. Todos estamos en movimiento vicioso o virtuoso. Ya sea hacia adelante o hacia atrás, hacia la izquierda o hacia la derecha — todos caminamos hacia una dirección; hacia la realización de nuestros sueños o hacia una dirección donde nos alejamos de ellos por el lagarto que llevamos dentro.

Puesto que el tiempo no espera y las horas continúan transcurriendo, y se van acumulando para convertirse en días de veinticuatro horas, semanas, meses y años, cuyo tiempo pudiera pasar inteligentemente bien aprovechado, avanzando con pasos firmes rumbo al logro de nuestros sueños, o simplemente pasará desapercibidamente despilfarrado y sin observarse ningún progreso y tal vez hasta se palpe un retroceso.

Todo ser humano por naturaleza, sueña y anhela con ser alguien destacado y no ser del montón.

He aquí el meollo de la diferencia entre alguien que mata a su lagarto y avanza hacia la realización progresiva de sus "soñadas" metas, y alguien que solamente es atrapado por el lagarto que lleva dentro, que vegeta viviendo día con día, sin querer saber hacia dónde camina, sin rumbo, ni anhelos, ni "sueños", ni objetivos y sin metas. Por lo tanto, estas personas se quedan estancadas como la rana en el estanque, evitando las adversidades de la vida en su medio conformista, para vivir una vida muy mediocre, oscura, sin futuro de progreso económico, cultural ni espiritual.

Todo ser humano por naturaleza, sueña y anhela con ser alguien destacado y no ser del montón. Pero en el transcurso de la vida, se deja atrapar por un lagarto

que se le acomoda. Y se olvida que si quiere destacar, tendrá que aniquilar para siempre las costumbres innecesarias que nada bueno le han dejado, y así poder identificar qué es lo que quiere para el resto de la vida. Tener una idea vaga de lo que le detiene a uno no es suficiente. Debe tener en claro qué tipo de lagarto le tiene detenido. En ocasiones uno va a vencer al lagarto temporalmente, pero va a revivir dentro de uno y tiene que ser capaz de volverlo a vencer. Sólo así alcanzará las metas que se fija.

Las personas que han caminado por la vida y que han tenido éxito, son conscientes de lo que las detiene. Su sueño es una imagen clara de lo que desean lograr en la vida y no permiten que ningún lagarto los detenga, aunque tengan que luchar contra ese bicho todos los días.

El largarto es como un virus que ataca a la mente y al cuerpo todos los días.

El lagarto es como un virus que ataca a la mente y al cuerpo todos los días. Y todos los días necesitamos un antídoto. A continuación hablaremos de algunos tipos de lagartos que atacan a la humanidad y que la mantienen infectada, como una enfermedad que se transmite por la indolencia de la gente que se aleja de sus sueños y sus valores, dejando de esforzarse para lograr lo que en el fondo de su corazón desea.

Un lagarto común que mucha gente posee:

1.- El Lagarto
CONFORMISTA

El conformismo es la comodona costumbre de aplicar su tiempo en sus rutinas diarias. Esas rutinas se les vuelven hábitos que luego desembocan en adicciones al consumismo. Pues no encuentran ningún motivo ni objetivo por el cual deben luchar. Y si alguna vez, Dios o alguien les iluminó y "soñaron" en algo bueno para su futuro, fácilmente lo consideran normal olvidar y abandonar aquellos "sueños", metas o cualquier propósito que Dios o alguien haya depositado en su corazón o en sus pensamientos, y continúan sólo dedicándose simplonamente a consumir el tiempo de sus días.

Lo cierto es que todo ser humano nace capacitado para lograr sus sueños. Y para progresar, y para lograr desarrollar estas capacidades, la herramienta innata, es su voluntad de "soñar y actuar". Sí, señoras y señores, es cuestión de su voluntad de "soñar y actuar" con honestidad para superarse personalmente. Lo malo es que raras veces el individuo quiere echar mano de esta herramienta tan básica, y la desprecia.

Un grupo de ranas emigraron de un bosque a otro. En su búsqueda de un mejor estilo de vida llegaron a un bosque donde encontraron un estanque profundo

de agua. Al haber tanta actividad en aquel estanque, las ranas decidieron formar su hogar ahí mismo. Su adaptación fue tan cómoda, que perdieron interés en buscar otros refugios, como pantanos, lagunas, viveros, lagos, presas, aljibes, piscinas, canales, conductos, etc. Básicamente estas ranas estaban tan cómodas, que evitaban salir del estanque en busca de nuevas formas de sobrevivencia, para no enfrentarse a las adversidades de la vida. Decían que tenían suficiente agua y comida. Al transcurrir de los años, el estanque iba disminuyendo de agua, y las ranas, distraídas por la recreación, las fiestas, la conformidad, los gustos y el regocijo, no se daban cuenta de ello. De repente hubo una sequía y ese año no llovió. Por lo tanto el estanque empezó a secarse. Todas las ranas se reunieron alrededor del estanque. Cuando vieron cuán hondo era el hoyo, dijeron que era imposible salir de ahí, que era mejor esperar un milagro o esperar hasta la temporada de lluvias del año venidero. Hubo unas tan bobas, que mejor decidieron ponerse con la panza para arriba para que las consideraran muertas.

Pero dos ranas no hicieron caso a los comentarios. Decidieron levantarse todos los días por la mañana y tratar de saltar fuera del hoyo con todas sus fuerzas. Las otras seguían insistiendo en que sus esfuerzos serían inútiles. Finalmente una de las ranas puso atención a lo que las demás decían y se rindió.

La otra rana continuó saltando tan fuerte como le era posible. Una vez más la multitud de ranas le gritaba y le decían que no se arriesgara a salir del estanque, que simplemente era mejor morir en paz, ya que no tenía caso seguir luchando. Pero la rana, al seguir saltando, se dio cuenta que había raíces de donde agarrarse. Eso la motivó a saltar cada vez con más fuerza, hasta que finalmente logró salir del hoyo. Cuando salió, las otras ranas le dijeron: «Tuviste suerte». La rana sin entender nada de lo que decían, replicó que no era suerte. Que nunca basaran su sobrevivencia en la suerte o a las temporadas del año, ni mucho menos en sus conformismos, sino en sus habilidades que se pueden desarrollar. Que salten y no dejen de saltar. Pues más vale morir intentando algo que de algo.

Pues más vale morir intentando algo que de algo.

Cuánto podemos aprender de este cuento, que nos muestra el peligro de conformarnos con lo que tenemos y la importancia de vivir siempre con desafíos que nos exijan crecer y superarnos cada vez más. Nacemos con esencia de sobrevivencia y a veces, hasta con vocación, y nuestra misión es recordarla y ponernos a desarrollarla.

Por el contrario, cuando nos acostumbramos a vivir con la mínima exigencia, caemos en el conformismo,

asumimos una actitud pasiva frente a las dificultades y perdemos dinamismo para buscar soluciones.

Conformarse es detenerse aceptando los límites y justificarse diciendo, que ya se ha hecho todo lo posible para superar los problemas que se tienen.

Conformarse es trabajar a medias, es aceptar resultados pobres o feos, sin el brillo de la eficacia. Conformarse también es quedarse en la comodidad de los logros que hemos obtenido y no proyectarnos a más crecimiento, evitando nuevos riesgos y exigencias.

...cuando nos acostumbramos a vivir con la mínima exigencia, caemos en el conformismo...

Cuando uno cae en el conformismo, pretende magnificar sus éxitos porque los compara con las obras pequeñas y no con las realmente grandes.

Conformarse es no exigirse a pensar y a investigar, ¿cómo se pueden hacer mejor las cosas?

Conformarse es perder la energía para renovar nuestras ideas, nuestros proyectos, nuestro trabajo, dejándonos llevar por la rutina y el desgaste.

El conformismo es un lagarto común que acecha

a la humanidad. El que padece de este lagarto, el conformista, ya no sueña, no tiene proyección de futuro y su horizonte se ha empequeñecido. Como ya no lucha para alcanzar nuevas conquistas, se vuelve temeroso de perder lo que ha logrado y dedica sus energías sólo a mantener y cuidar lo poco o nada que tiene.

Sugerencias:

Las cosas que nos liberan del grave peligro del conformismo incluyen: fijarnos objetivos, tener una meta tras de otra, tener ideales claros y ponerlos en acción.

Proponerse alcanzar metas más altas, estimula nuestra creatividad, desarrolla nuestro ingenio, fortalece nuestro ánimo y ejercita nuestra voluntad.

Nuestros ideales son nuestras razones y deseos de vivir; los ideales justos son los que impiden que caigamos en el desaliento y el conformismo. Nos llenan de fuerza y entusiasmo para vencer límites, impulsándonos a nuevas conquistas para abrir paso a las nuevas generaciones y dejarles huellas de ejemplo y generosidad.

2.- El Lagarto
CAMALEÓN

Es aquel individuo que finge, aparenta, pretende. Es artificioso, e inventa cosas artificiosas para esconderse detrás de ellas. Es embustero, soberbio, tramposo, convenenciero, engañoso y hasta sofisticado en sus pretensiones. Aparenta saber y hacer. Se hace la víctima por conveniencia y los logros de otros él se los acredita. Es traidor por conveniencia y leal a su camuflaje. Cambia de color por conveniencia. Evita el esfuerzo. Inventa historias para persuadir. Es incierto y escurridizo a la hora del compromiso y del esfuerzo. Es astuto para cambiar de color.

El en palacio de Rubilandia había un ladrón de rubíes. Nadie sabía quién era, y a todos tenía tan engañados el ladrón, que lo único que se sabía de él, era que vivía en el palacio, y que en el palacio debía de tener ocultas las joyas.

Decidido el rey a descubrir quién era, pidió ayuda a un enano sabio, famoso por su inteligencia. Estuvo el enano algunos días por allí, mirando y escuchando, hasta que se volvió a producir un robo. A la mañana siguiente el sabio hizo reunir a todos los habitantes del palacio en una misma sala. Tras inspeccionarlos a todos durante la mañana y el almuerzo, sin decir palabra, el enano comenzó a preguntar a todos, uno por uno, qué sabían de las joyas robadas.

Una vez más, nadie parecía haber sido el ladrón. Pero de pronto, uno de los jardineros comenzó a toser, a retorcerse y a quejarse, y finalmente cayó al suelo.

El enano, con una sonrisa malvada, explicó entonces que la comida que acababan de tomar estaba envenenada, y que el único antídoto para aquel veneno, estaba escondido dentro del rubí que había desaparecido esa noche. Y explicó, cómo él mismo había cambiado los rubíes auténticos, por unos falsos pocos días antes, y cómo esperaba que sólo el ladrón salvara su vida, si es que era especialmente rápido…

Las toses y quejidos se extendieron a otras personas, y el terror se apoderó de todos los presentes. De todos, menos de uno — un lacayo que al sentir los primeros dolores, no tardó en salir corriendo hacia el escondite en que guardaba las joyas, de donde tomó el último rubí. Efectivamente, pudo abrirlo y beber el extraño líquido que contenía en su interior, salvando su vida.

O eso creía él, porque el jardinero era uno de los ayudantes del enano, y el veneno no era más que un jarabe preparado por el pequeño investigador, para provocar unos fuertes dolores durante un rato, pero nada más. Y el lacayo así descubierto, fue detenido por los guardias y llevado inmediatamente ante la justicia.

El rey, agradecido, premió generosamente a su sabio consejero, y cuando le preguntó cuál era su secreto, el consejero sonrió diciendo:

— Yo sólo trato de conseguir, que quien conoce la verdad, la dé a conocer.

— ¿Y quién lo sabía? si el ladrón había engañado a todos…

— No, majestad, a todos no. Cualquiera puede engañar a todo el mundo, pero nadie puede engañarse a sí mismo.

Cualquiera puede engañar a todo el mundo, pero nadie puede engañarse a sí mismo.

El individuo camaleón tiene como intención engañar o causar una acción en contra de los intereses de alguien. Oculta la realidad en forma parcial o total. El individuo camaleón pasa más tiempo mintiendo que diciendo la verdad.

El individuo camaleón no necesariamente tiene que hablar para camuflarse. También se esconde en el acto de la simulación o el fingimiento. Por ejemplo:

si inventa una mentira y hace que personas caigan en discusión, eventualmente se mezcla con ellas y finge indignación por lo ocurrido. Miente a todos simulando comprensión que hasta en consejero se convierte. En otras palabras, hasta actuando se puede mentir como el beso o el abrazo insincero.

Un individuo camaleón es actor, un tipo de actor que tiende a actuar para esconderse.

Otra forma en que el lagarto camaleón se esconde, es a través de la mentira no verbal. La constituye, por ejemplo, el hecho de hacerse pasar por estar enfermo, con el fin de hacerse la víctima, o inventarse un berrinche, querer llamar la atención, o expresar un desacuerdo. Esta conducta es típica generalmente en personas extremadamente irresponsables que no les gusta agarrar el toro por los cuernos.

Un individuo camaleón es actor, un tipo de actor que tiende a actuar para esconderse. La tolerancia de la gente con los camaleones habitualmente es muy pequeña, y a menudo, sólo se necesita que se sorprenda a alguien en una mentira, para que se le asigne la etiqueta de "lagarto camaleón" y se le pierda para siempre la confianza.

El camaleón también es famoso por su habilidad de

cambiar de color, según las circunstancias. Es decir que es famoso por su capacidad de fingir según su conveniencia. Tiene una lengua rápida y alargada que le gusta hablar en lo secreto para hacer creer algo. Sus ojos pueden ser movidos independientemente el uno del otro. Ven una cosa por otra sólo a su conveniencia. Aunque no tengan oído externo son capaces de detectar vibraciones y sonidos de baja frecuencia. Es decir que aunque no hayan escuchado la verdad de algo son capaces de inventar lo que se haya supuestamente dicho.

El individuo camaleón se mueve con extrema lentitud. Para obtener lo que quieren, utilizan artísticamente la lengua y artificiosamente su cuerpo. Consiguen lanzar su larguísima lengua como un proyectil, con una velocidad y distancia sorprendentes, provocándole confusión y enojo al oyente. Con su lengua pegajosa atrapan los oídos de quienes quieren engañar. Se alimentan de la confusión que provocan, principalmente ingiriendo a individuos en quien puedan influir, como es común en los reptiles. Sólo con la ayuda en equipo se puede enfrentar a estos individuos.

Además de la característica propia de cambiar de color, los camaleones también cambian de piel, como las serpientes. Es decir, fingidamente cambian de estado de ánimo.

Los camaleones no son cazadores activos. Es decir, no son hacedores productivos. En vez de eso, prefieren apoyarse y no trabajar. Esperan que alguien les hable para que les ponga en su agenda una actividad, quedándose inmóviles en vez de ser proactivos. Esperan que alguien produzca, para ellos llevarse el crédito. Se alimentan de la producción de alguien más. Se nutren básicamente de artrópodos y de pequeños vertebrados. Es decir que se alimentan de la productividad de individuos que se sienten inferior a ellos.

Los camaleones viven la mayor parte de sus vidas fingiendo, y son bastante agresivos contra otros miembros de su misma especie, particularmente si se descubre uno al otro. Es decir, a nivel individuo, una persona camaleón es bastante agresivo con otro igual que él.

Los camaleones viven la mayor parte de sus vidas fingiendo...

Los camaleones muerden cuando se les provoca, pero el mordisco no es muy doloroso y en caso de que se produzca una herida es conveniente desinfectarla.

Los camaleones son personajes lentos, astutos y poco confiables.

El mimetismo (disfraz) es una habilidad del individuo camaleón que posee para engañar a otros seres de su entorno para obtener alguna ventaja funcional. El objeto del mimetismo (disfraz) es engañar a los sentidos de los otros que conviven en el mismo hábitat, induciendo en ellos una determinada conducta.

En conclusión, los camaleones son los individuos que no quieren cumplir con sus obligaciones. Son personajes que no quieren producir. Son falsos. La palabra falso se usa para referirse a alguien que simula, imita o parece ser real, sin serlo; o bien, que engaña, que lleva a un engaño y ventaja.

Los camaleones son los individuos que no quieren cumplir con sus obligaciones.

Son como el empleado que acude a su trabajo sólo para checar tarjeta de asistencia y otros sean los que suden la camiseta; o como el empresario independiente que aparenta hacer y no hace nada. Creen que todos los demás son atrasados mentales y tratan a sus socios con prepotencia, desviándolos e induciéndolos en sus mentiras para beneficiarse, creando tramas de "verdades a medias", que cuando los descubren, resultan siendo sólo unos cobardes, embusteros, engañadores, fuleros, falsarios y farsantes que andan buscando cómo la gente caiga en sus actitudes patrañeras.

La verdad es que estos individuos, con su manera de actuar, van generando aprendices de camaleones.

Esto amenaza a cualquier cuerpo corporativo o gubernamental al convertirse en una madriguera de estos lagartones, como un semillero que estos bichos van sembrando con sus socios o compañeros.

Sugerencias:

La solución para el lagarto camaleón es actuar con integridad. La palabra integridad viene de la misma raíz latina que entero, y sugiere la totalidad de la persona. Así como hablaríamos de un número entero, también podemos hablar de una persona entera. Una persona de integridad es un individuo que no finge, no aparenta, no pretende. No es artificioso ni inventa cosas artificiosas para esconderse detrás de ellas. No es embustero, no es soberbio, no es tramposo, no es convenenciero ni engañoso. No aparenta saber y hacer. No cambia de color por conveniencia. No evita el esfuerzo. No es incierto ni escurridizo a la hora del compromiso y del esfuerzo. Una persona íntegra no cambia de color. Es la misma persona en privado que lo que es en público.

La integridad, por lo tanto, no sólo implica una actitud clara, sino una pureza moral también.

La Biblia está llena de referencias a la integridad, el carácter y la pureza moral. Consideremos sólo unas pocas referencias del Antiguo Testamentos a la integridad. En 1 Reyes 9:4, Dios instruye a Salomón que ande «en integridad de corazón y en equidad», como hizo su padre. David dice, en 1 Crónicas 29:17: «Yo sé, Dios mío, que tú escudriñas los corazones, y que la rectitud te agrada». *(Versión RVR 1960)*

El libro de Proverbios tiene muchos versículos que hablan de la integridad. Proverbios 10:9 dice que: «El que camina en integridad anda confiado; mas el que pervierte sus caminos será quebrantado». *(Versión RVR 1960)* Una persona de integridad tendrá una buena reputación y no tendrá temor de ser expuesta o descubierta. La integridad brinda un camino seguro a través de la vida.

Proverbios 11:3 dice: «La integridad de los rectos los encaminará; pero destruirá a los pecadores la perversidad de ellos.» *(Versión RVR 1960)* Proverbios es un libro de sabiduría. El hombre o la mujer sabio vivirá una vida de integridad, que es parte de la sabiduría. Quienes siguen la corrupción o la mentira terminan destruidos por las decisiones y acciones de su vida.

Quienes siguen la corrupción o la mentira terminan destruidos por las decisiones y acciones de su vida.

La integridad no se mide por grados; o la tiene uno, o no la tiene. Es fácil mostrar una conducta intachable cuando las luces están enfocadas sobre nosotros y los demás nos están mirando. Pero ¿qué sucede con nuestras acciones cuando nadie está a nuestro alrededor? Asegúrese que la palabra "integridad" está esculpida en la piedra angular de su vida. Cuando se tiene integridad, las palabras y las obras coinciden. Soy quien soy no importa donde estoy o con quien estoy.

Una persona con integridad no finge ser de otra manera. La gente con integridad es gente completa; puede identificarse por tener una sola manera ser. Las personas con integridad no tienen nada que esconder ni nada que temer. La integridad no es tanto lo que hacemos sino lo que somos, y lo que somos, a su vez, determina lo que hacemos.

La integridad es la moneda de la vida.

La integridad es la moneda de la vida. Todos la tenemos; sin embargo, el valor de la moneda depende de quien la posee. La integridad de una persona consiste en su nivel de honestidad y entereza; es decir, en su carácter de firmeza y fortaleza para ser siempre congruente a sus valores morales. Este grado de carácter, lo podrá medir un individuo con el método de Desarrollo Trilateral (**Desarrollo Trilateral**, Juan Ruelas, pág. 13–21), preguntándose si es totalmente íntegro con lo que dice y hace.

Una persona íntegra no se queda con lo que no es de él. No hace trampa. No busca tomar ventaja de nadie. No se corrompe. No busca un atajo o el manipuleo del compadrazgo. Una persona íntegra no se consigue las cosas a través de trampas y mentiras, sino a través de su esfuerzo personal. Acepta lo que sabe y no sabe, sus aptitudes o debilidades.

3.- El Lagarto
COCODRILO

El lagarto cocodrilo es aquel individuo que comunica a una o más personas, algo negativo con intención de criticar, desanimar, desalentar y hasta dañar a través de su criterio. Acusa sin tener una base solida, sin importar cuánto afecta la dignidad o reputación de alguien. Elabora un juicio u opinión basado en su corto conocimiento. Es capaz de someter a una persona a su propio juicio, sin tomar responsabilidad de lo que dice, provocando angustia, dolor e impotencia. El lagarto cocodrilo insulta, lastima y hasta ofende abierta o metódicamente. O mejor dicho, critica directa o indirectamente, causando una sensación desagradable en alguien.

El lagarto cocodrilo es aquel individuo que dice o hace falsedades. Siempre está al acecho con comentarios que acusan, desaprueban, reprochan, amonestan, tachan, reprenden, señalan, censuran, maldicen y desacreditan. Enseñoreándose en expresar lo que siente, dice, «Yo siempre digo lo que siento…», «Yo no tengo pelos en la lengua…», «A mí nadie me dice qué decir».

Comúnmente, el lagarto cocodrilo insulta, desprestigia, rebaja, difama y opina sin importar a quien descalifica o desvalora. Tiende a saberlo todo, como "el cuñado sabelotodo". Se informa antojadizamente a través de comentarios o chismes, sin apoyarse en fuentes sólidas o pruebas para respaldar sus comentarios. El lagarto cocodrilo, ante cualquier acto o comentario, murmura, chismorrea, comadrea, comenta, impugna, rechaza, hostiga, sanciona, desacredita y deshonra. Los comentarios de estos son siempre negativos y destructivos.

La manera de hablar distingue al lagarto cocodrilo y demuestra lo que verdaderamente es. Así como la estampilla demuestra la procedencia de la carta, así también las palabras del lagarto cocodrilo revelan su verdadera identidad.

...de la abundancia del corazón habla la boca...

¿Por qué es el lagarto cocodrilo negativo y destructivo? Siempre me ha impresionado lo que dice nuestro Dios: «… de la abundancia del corazón habla la boca». *(San Lucas 6:45 RVR 1960)* Es decir que son los sentimientos estancados en el corazón lo que nos hace emitir expresiones. Si en nuestro corazón se anidan sentimientos alegres, será alegría lo que transmitimos. Si en nuestro corazón se anidan sentimientos de amargura y desconfianza, esto será lo que comuniquemos a los demás. Si nuestro corazón está lleno de envidias y de odios, tarde o temprano nuestras acciones o expresiones reflejarán crítica destructiva e indiferencia hacia otras personas.

Todos los individuos nacemos con un corazón en blanco. Mientras nos formamos, el medio ambiente en el que vivimos y las personas que nos rodean, juegan un papel muy importante en lo que se empieza a anidar en nuestro corazón. Muchos individuos en su niñez fueron maltratados, humillados y hasta golpeados o abusados físicamente.

Otros, al ver que sus pérdidas eran ganancias para otros, empezaron a hacer lo mismo: robar, mentir, tomar ventaja del más débil; en otras palabras, hacer lo que les hicieron. Algunos otros individuos intentaron algo y fracasaron, volviéndose desconfiados. Muchos individuos en sus intentos fueron engañados y abusados, provocando su rendición. Cada reto, fracaso, disgusto, caída, engaño, derrota, hundimiento, desgracia, accidente, tropiezo, conflicto, padecimiento o abandono, ha ido endureciendo el corazón del individuo, convirtiéndolo en un lagarto cocodrilo; que lo único que sale de su boca son cosas negativas.

Si asemejáramos el corazón de un individuo como a una enorme presa y fuente de agua, entonces nuestras palabras serían los ríos que de la misma fluirían. De ahí, que si los ríos fueran turbios o "sucios", asimismo serían los lagos de sucios. Entonces, ya no sólo sería agua turbia sino agua contaminada, que puede dañar las plantas y los campos. Asimismo los individuos pueden corromper a otros con sus egoísmos y envidias. Igualmente si el corazón está lleno de especulaciones inicuas y perversidades de toda clase, el caudal de sus palabras sólo serán vómitos desagradables.

En Mateo 12:35 se enfatiza: «El hombre bueno dice cosas buenas porque el bien está en él, y el hombre malo dice cosas malas porque el mal está en él.» *(versión DHH)*

Debemos enfatizar, que la lengua del individuo "lagarto cocodrilo" es un órgano que no es ajeno a la voluntad del individuo. No actúa por su propia cuenta, siguiendo decisiones autónomas, sino que acciona conforme a los dictados del corazón y de la mente, porque de la mente al corazón, hay un trecho que sirve para digerir lo que sentimos y expresar las cosas con limpieza y buen gusto. Las personas que buscan su mejoramiento, son las que controlan su lengua, y al hablar, sólo usan las palabras edificantes.

El hombre bueno dice cosas buenas porque el bien está en él, y el hombre malo dice cosas malas porque el mal está en él.

El corazón se revela en cada encuentro; en cada conversación, en cada palabra que se pronuncia. Aunque queramos esconder lo que nos dicta, tarde o temprano se muestra a la luz. Por ejemplo, el amigo o amiga que le habla cosas negativas o chismes de alguien más. O esa pariente, que todo el tiempo le cuenta de sus enfermedades, de sus circunstancias adversas, de lo malo que la vida le ha tratado. Y ¿qué tal esa compañera de trabajo que cree ser el centro del universo y para quién la perfección le queda corta? ¿O el cuñado sabelotodo, que para todo tiene una respuesta? Y si todo esto fuera poco, ¿qué tal aquel individuo que, no importa lo que diga uno, para todo él tiene algo mejor que decir? Es como si lo que uno dijera no tuviera ninguna importancia. O hasta aquella persona, que se sabe la vida y milagros de todo el mundo. Bueno, hay una miscelánea en todo este contexto. Pero cada conversación saca a la luz el grado de dolor o rencor de la gente, su enemistad, su tendencia en la vida, su ideología; y ciertamente estas emociones sólo reflejan o exteriorizan el contenido de su corazón, es decir, la clase de persona que es.

¿Cuántas veces hemos leído: «Tú eres lo que comes»? Pues también podemos decir: «Tú eres lo que hablas». Los seres humanos tendemos por naturaleza a hablar más de cosas que no son precisamente edificantes para nadie, que de cosas que construyen.

Ejemplo: si le comparte a un amigo o pariente que Ud. va a emprender un negocio, inmediatamente ese amigo o pariente va a responder negativamente. No va a depositar en Ud. la confianza. Le va a hacer sentir que no puede. Por nada del mundo le va a afirmar que Ud. es emprendedor y que posee habilidades que le van a hacer tener éxito, o que le da gusto tener amigos o parientes como Ud.; que tiene fe y que se apuesta a él mismo. Todo lo contrario. En vez de depositar en Ud. la semilla de la esperanza, le hace sentir que no se puede. Le empieza a dar ejemplos de gente que intentó algo y fracasó; que la economía está mal; que es mejor quedarse igual. Le empieza a quitar el ánimo y las ganas de emprender algo. Dos preguntas, ¿pierde algo alguien al decirle a una persona, algo positivo? ¿Decirle que lo felicita o admira por la decisión que tomó? ¡Claro que no! Sin embargo, hace todo lo contrario, y eso sí hace daño. Le mata la intención que tiene, desanimándolo, provocando que no se atreva a emprender algo, apuñalándolo con su crítica negativa. Y precisamente en los comentarios de las personas, es donde se puede percibir lo que lleva en su corazón.

En una ocasión mi hijo Antonio Ruelas, de seis años de edad, le comentó a sus hermanos Ángel, Juan Gerardo y a su mamá Alicia, «Ya sé porque se dice "heart attack" (ataque del corazón), porque "the heart attacks the body" (porque el corazón ataca al cuerpo)». Es impresionante como un niño de seis años percibe lo que es un ataque del corazón. Sabemos que los ataques del corazón pueden venir por cuestiones emotivas, provocando que en el corazón aparezca una disfunción con estertores (opresiones, jadeos, fatigas, ansiedades, alteraciones respiratorias, etcétera) que simultáneamente representan agresiones a las funciones generales de todo el cuerpo humano. Pues bien, igualmente podemos sospechar que las envidias, los celos, el rencor, el odio, las mentiras, etcétera, podrían ser los impulsores preliminares de los estertores del corazón. Esto nos puede causar risa, pero el supuesto es tan lógico, que debería ponernos a pensar.

Podemos deducir que no son los ojos los que tenemos que limpiar, sino el corazón; y sobre todo, tener mucho cuidado de no proyectar la suciedad, la envidia, la amargura del propio corazón, proyectarlo o reflejarlo objetivamente en la forma de ver o de juzgar a los demás. Y es que lo que llevamos dentro, determina nuestro pensar y nuestro obrar — nuestro modo de reaccionar con los demás. No hay duda de que uno ve muchas veces en los otros, lo que uno lleva dentro. De la abundancia del corazón habla la boca. Si somos desconfiados, orgullosos, ambiciosos o envidiosos, pensaremos que los otros son lo mismo. Lo dice el refrán: «Piensa el ladrón que todos son de su condición», y a veces estamos tan equivocados. Además de ir por la vida confundidos y sin disfrutar de todo lo bueno que la vida nos pone por delante, transitamos por la vida llenos de emociones negativas.

«Piensa el ladrón que todos son de su condición.»

Jesús parece que nos invita a que nos pongamos en sus manos de buen cirujano, para sanarnos, para darnos un corazón nuevo y bueno. Parece que nos dice: «Dame tu corazón y yo te daré el mío». Es decir, «Dame lo que eres, confía en mí; permíteme limpiar y renovar tus sentimientos, para que puedas ver un paisaje de amor y paz desde el fondo de tu corazón».

Pues todos nosotros tenemos visión defectuosa. Unos ven todo negro — son los pesimistas; otros ven todo con envidia; otros ven todo con miedos, y en todo ven el peligro. Otros son los soñadores y optimistas; estos ven todo sin malicia, sin suciedad. Todo lo ven con transparencia. Bueno, si Jesús nos guía en nuestro modo de mirar, ¿qué más podemos ambicionar?

«Y les dijo: Mirad, y guardaos de toda avaricia; porque la vida del hombre no consiste en la abundancia de los bienes que posee.»

Lo importante es tener bien nutrido el corazón, bien alimentado con frutas sanas. Dicen que algunos acumulamos cosas y damos vueltas a las heridas del pasado, rellenándolo continuamente con nuestras vergüenzas como si nuestro corazón fuera el basurero del pasado negativo. Y cuando logramos limpiarlo, lo dejamos vacío, ocioso y enrarecido, lo cual nos hace sentir confundidos y hasta miedosos. En lugar de preocuparnos del pasado tenebroso y vergonzoso, deberíamos ocuparnos del dinamismo del presente, proyectando nuestro corazón hacia un futuro esplendoroso.

Pensemos en los animales: por ejemplo, un pájaro que hace su nido en el bosque, le basta con una rama. Y cuando siente sed y bebe agua, sólo toma lo que cabe en su panza. Los humanos somos distintos. Aunque no tengamos sed, tomamos agua y la acumulamos; aunque no tengamos hambre, comemos y amontonamos comida, para después no saber qué hacer con todo lo que tenemos. Y es que si dejamos de acumular, nos sentimos vacíos. Dios nos dice: «No sólo de pan vivirá el hombre...». *(San Mateo 4:4 RVR 1960)* «Y les dijo: Mirad, y guardaos de toda avaricia; porque la vida del hombre no consiste en la abundancia de los bienes que posee». *(San Lucas 12:15 RVR 1960)* Precisamente ahí está nuestra equivocación. Creemos que las cosas materiales nos van a llenar. Estas sólo alimentan al cuerpo y en el cuerpo está el "corazón", convirtiéndolo en orgulloso, egoísta y consumista. Y el corazón nunca se llena. Quiere más, más y más. El corazón es engañoso. El corazón nos hace ver que somos árboles aparentemente muy frondosos. Pero en realidad somos árboles huecos, imperfectos para dar buenos frutos.

Cómo han de recordar las palabras de Jesús: «A cada árbol se le reconoce por su propio fruto ... de la abundancia del corazón habla la boca». Y lo pueden ver detenidamente en el evangelio de San Lucas, Capítulo 6, versos del 39 al 45. Podríamos hacernos una simple pregunta: ¿Con qué llenamos nuestro corazón?

No cabe duda que Jesús nos llama a mirarnos a nosotros mismos, como en un espejo, sin miedo, con valentía. Esta es la única manera de hacer que cada cual sea un árbol bueno, que cada día hagamos algo mejor, y demos cada vez mejores frutos. Y sólo así, el gran bosque de la humanidad podrá ir cambiando, ayudándonos y apoyándonos unos a otros, con el corazón, que es la fuente de nuestro actuar.

La gente tiende a hablar de los demás, sobre todo de los defectos ajenos, olvidando los propios. Hay muchos que vemos una pequeña astilla en el ojo del vecino, pero no vemos que hay una enorme viga en nuestro propio ojo; y generalmente, al hablar de los defectos ajenos, o al tratar de disimular los nuestros, sin darnos cuenta, estamos proyectando nuestro pobre y sucio mundo interior, sobre el de los demás, que a lo mejor el de ellos no está tan sucio como el nuestro.

«¿Por qué te fijas en la mota que tiene tu hermano en su ojo y no reparas en la viga que tú llevas en el tuyo?»

Un ejemplo hecho real, nos ayudará a entender perfectamente las palabras de Jesús cuando dice: «¿Por qué te fijas en la mota que tiene tu hermano en su ojo y no reparas en la viga que tú llevas en el tuyo? … Hipócrita, sácate primero la viga de tu ojo, y entonces verás claro para sacar la mota del ojo de tu hermano». *(San Mateo 7:3,5 CST)* Pues bien, aquí les presento un hecho real que nos ayudará a entender perfectamente el mensaje de Jesús:

Se trata de una señora que siempre criticaba a su vecina. Criticaba su forma de vestir, de hablar, de educar a los hijos, de tratar al esposo; y hasta criticaba lo cochina que era para lavar la ropa. Pues cuando veía (a través de una ventana) la ropa de la vecina, tendida en el patio de atrás, que separaba las dos casas, se daba cuenta que tal ropa estaba llena de manchas. Y no sólo criticaba en voz alta, sino que comunicaba sus críticas a todos los de su casa y demás vecinos en su alrededor.

Un día, el esposo de la mujer criticona se acercó a la ventana. Vio que su mujer contemplaba la ropa de la vecina, y para sorpresa suya, se dio cuenta que la ropa estaba muy bien lavada y muy limpia. Entonces, el esposo de la criticona, la cogió de una oreja y le indicó: que era el cristal de la ventana de su propia casa la que estaba muy sucia, y al ver a través del cristal de su ventana, su esposa veía las manchas en la ropa de su vecina. Como pueden imaginarse, la lección era fácil de aprender. Y desde aquel momento dejó de criticar lo de la ropa; de lo otro no sé. Lo que sí sé, fue que ahora sí se cuidaba muy bien de no ir con chismes a su esposo, después que él descubrió que la suciedad no estaba en el patio de la vecina, sino en su propia casa, por lo cochino de la criticona.

Sugerencias:

Cuando las palabras son ásperas e hirientes, es obvio que "del corazón" salen los malos pensamientos. La pregunta sería ¿cómo prevenir las malas reacciones "del corazón"? Debe ocurrir en nuestras vidas un cambio, para limar o suavizar nuestras asperezas. Siendo el corazón el motor de la vida, toda una renovación debe producirse en nosotros, afectando el ser completo — espíritu, alma y cuerpo. Ese cambio sólo se da si somos capaces de someternos a las enseñanzas de Jesús, nuestro Dios. Leer y aplicar los evangelios y así, vamos no sólo a cambiar el contenido y tema de nuestra conversación, sino el modo de conversar: el espíritu de nuestras conversaciones va a tener una intención, un acento y un tono constructivo. «El hombre bueno, del buen tesoro de su corazón saca lo bueno.» *(San Lucas 6:45 RVR 1960)*

«Ninguna palabra corrompida salga de vuestra boca, sino la que sea buena para la necesaria edificación, a fin de dar gracia a los oyentes.»

Toda conversación debe ser para edificar a nuestros amigos y a todos los que se relacionan con nosotros. Nuestros estados de ánimo son los principales enemigos que evitan tener un ánimo edificante en las relaciones con los demás. Las emociones que se manifiestan en nuestro tono de hablar, pueden ser grandes amigas o enemigas en el deseo del Señor que edifiquemos a los demás. «Ninguna palabra corrompida salga de vuestra boca, sino la que sea buena para la necesaria edificación, a fin de dar gracia a los oyentes.» *(Efesios 4:29 RVR 1960)*

Todo esto implica una negación con respecto a los que

puedan ser nuestros sentimientos y tener siempre el deseo de vaciar todo el contenido de nuestro ser, para el bien de los demás. Quitando las palabras necias y ayudando en el crecimiento constante de todos, deberá ser nuestra meta y anhelo.

Todo lo que digamos debe ser con gracia. «Sea vuestra palabra siempre con gracia, sazonada con sal, para que sepáis cómo responder a cada uno.» *(Colosenses 4:6 RVR 1960)* Lo único que puede colocar gracia a nuestra palabra y sal a nuestra conversación, no es nuestra simpatía o nuestra profundidad o elocuencia al hablar, sino la palabra de Dios. Una palabra puesta en su justo momento, es mejor recibida por los demás que cualquier disertación de nuestra propia sabiduría. La clave para lograr la gracia, que la Biblia nos demanda, es el camino que hizo Jesús, despojarnos completamente a nosotros mismos y humillarnos. Es decir, someternos unos a otros. Pues Dios da gracia a los humildes.

«El hombre bueno, del buen tesoro de su corazón saca lo bueno; y el hombre malo del mal tesoro de su corazón saca lo malo … porque de la abundancia del corazón habla la boca.» *(San Mateo 12:35, 34 RVR 1960)* Cada palabra refleja claramente lo que hay dentro de nuestro corazón. ¿Cómo hablo a mi familia, a las personas con las que convivo, en el trabajo, y a los amigos? Nuestras expresiones verbales siempre son manifestaciones de lo que llevamos en el corazón. Nuestro corazón corre el riesgo de ser como una prisión: fría, cerrada, tosca, áspera, hiriente, agraviante y ofensiva — y de tal forma ofensivo.

El Salmo 64 nos invita en esta misma línea a no endurecer nuestro corazón. Se ha dicho que el corazón es una fábrica de producción y la lengua es el director comercial.

Si nos detuviéramos a pensar y fuéramos conscientes de todo lo que decimos, nos quedaríamos extrañados de la cantidad de palabras negativas o hirientes que pronunciamos cada día; o de frases, preguntas, afirmaciones o respuestas lanzadas con mala intención. No nos elevamos por encima de nuestras palabras. Nuestras palabras reflejan lo áspero que somos. Cada palabra que sale de nuestra boca, tiene el poder de provocar problemas o paz y alegría; es decir, podemos edificar o destruir.

Todos somos beneficiados o perjudicados de las palabras que salen de nuestro corazón. Los que escuchan son afectados positiva o negativamente, pero de las que pronunciamos, recibimos sus consecuencias, ya que por nuestras palabras, somos justificados y por nuestras palabras, somos condenados. *(San Mateo 12:37)* Y esta justificación o condena, la sentimos inmediatamente en nuestro interior, aunque no seamos conscientes de ella. Nos configuramos en cada momento. Somos lo que decimos y hacemos momento a momento.

Es un hecho que Dios ha dado poder a la palabra. En Génesis, durante la creación, Dios formó del suelo todos los animales del campo y todas las aves del cielo y los llevó ante el hombre para ver cómo los llamaba, y para que cada ser viviente tuviese el nombre que el hombre le diera. El hombre, con sus palabras, puso nombre a todos los ganados, a las aves del cielo y a todos los animales del campo. Y por si fuera poco, el hombre continúa nombrando y expresando nombres nuevos en la ciencia, en el arte, en la economía.

Ciertamente las palabras que decimos tienen una enorme influencia para configurar nuestra vida y afirmar nuestro destino. Con las palabras que salen de nuestro corazón, movemos circunstancias. Las cosas suceden cuando decimos algo; lo bueno y lo malo están en el poder de la lengua. (*Véase Proverbios 18:21.*) Nuestras palabras pueden ser de vida o de muerte, de causar paz o guerra, de producir alegría o tristeza.

Cuanto más lleno tengamos nuestro corazón de buenos deseos, de buenas intenciones y de anhelos generosos, menos espacio tendremos para los egoísmos y las envidias.

Las palabras que salen de nuestra boca expresan la fe, y todo lo que hay, en nuestro corazón. El que tiene lo bueno y la verdad en el corazón, no debe temer jamás que a su lengua le falte la fuerza de persuasión. Hay que tener lleno el corazón de paz, de fe, de lo bueno para proclamarlo con la boca. Cuanto más lleno tengamos nuestro corazón de buenos deseos, de buenas intenciones y de anhelos generosos, menos espacio tendremos para los egoísmos y las envidias.

El corazón no soporta estar vacío; necesariamente quiere estar lleno de algo. Cada uno de nosotros podemos ver de qué tenemos lleno el corazón y como dice Jesucristo: de la abundancia del corazón habla la boca. El corazón del hombre necesita creer en algo. O cree en mentiras o en verdades. Cuando no quiere ver verdades, cree en lo que sea. El hombre bueno del buen tesoro de su corazón saca lo bueno. El corazón lleno de gratitud, porque sabe que Dios le ama, siempre encuentra bendiciones. El corazón desagradecido, desconfiado, incrédulo, no ve ni el perdón, ni la bondad, ni la misericordia; no tiene donde sujetarse.

Desde luego, la fuerza más poderosa de todos, es un corazón bueno. Quizá han oído un proverbio oriental que dice: La gente se arregla todos los días el pelo, ¿por qué no el corazón? Sólo si en el corazón hay fe, esperanza, confianza y una forma sana de amar, podrá esparcirla en todo lo que haga.

Las cosas mejores y más hermosas en el mundo, no pueden verse, ni incluso tocarse. Deben sentirse en el corazón. Lo que no proviene de corazón, no llegará a otro corazón. ¿Quién ha medido lo que puede albergar un corazón? Si realmente conoce el corazón de una persona, jamás olvidará su rostro y su nombre. Si en medio de las dificultades persevera el corazón con serenidad, con gozo y con paz, esto es amor (Teresa de Jesús). Un corazón rencoroso, es como un sótano oscuro y frío, donde se acumulan trastos viejos, inservibles, que sólo sirven para juntar polvo, telas de araña, polillas. En fin un corazón sin Dios es un corazón sin amor.

Cuántos textos y dichos populares nos advierten sobre la costumbre de criticar a los demás, y no escarmentamos. La Biblia nos dice: «Aquel de ustedes que esté libre de pecado, que tire la primera piedra». *(San Juan 8:7 NVI)* También el refranero popular español: «Se ve antes una legaña en el ojo ajeno, que una viga en el propio». Pero el caso

Desde luego, la fuerza más poderosa de todas, es un corazón bueno.

es que no paramos de tirar piedras y de ver legañas en ojos ajenos. Pasamos horas en analizar con detalle los defectos de los demás. Es un tiempo precioso que podríamos emplear en observarnos a nosotros mismos y combatir esos mismos defectos. Si Ud. va a criticar a alguien, practica el "pensamiento opuesto". Analiza de forma honesta, sincera y valiente ese mismo defecto en Ud. mismo. Su mente adquirirá mayor grandeza si la emplea en autoanalizarse y en tratar de superar sus propios defectos.

Criticar es obstáculo para las buenas relaciones humanas. Piense en la política. Lo que diferencia a un estadista de un simple político es la capacidad para ceder y llegar a acuerdos de estado en beneficio de una nación. El estadista invita a la oposición a "apuntarse el tanto" a pactar y avanzar en temas importantes para un país. Es imposible que un estadista moderno emplee la crítica ácida y descalificadora con su adversario político. Piense en la empresa. Los grandes empresarios son generalmente grandes líderes — personas capaces de motivar a cientos o a miles de personas, de hacer equipos, de entusiasmarles e inspirarles con sus objetivos y ganar la dura batalla de la competencia. Estos líderes no critican; alaban, motivan. Criticar gratuitamente es una pérdida de tiempo y de dinero. Saben muy bien que la productividad crece con la motivación.

«Si alguno cree ser religioso, pero no sabe poner freno a su lengua, se engaña a sí mismo y su religión no sirve de nada.»

Tal vez pudiéramos pensar, que nuestro actuar puede justificarse por ser imperfectos y por lo tanto tendemos a cometer errores, o en un extremo, podríamos decir que somos lo que somos porque Dios así lo quiere. Sin embargo la carta de Santiago es clara al decir: «Cuando alguno se sienta tentado a hacer lo malo, no piense que es tentado por Dios, porque Dios ni siente la tentación de hacer lo malo, ni tienta a nadie para que lo haga.» *(Santiago 1:13 DHH)* Por lo escrito en el texto anterior, Dios no tienta a nadie. Santiago mismo continúa diciendo en 1:25: «Pero el que no olvida lo que oye, sino que se fija atentamente en la ley perfecta de la libertad, y permanece firme cumpliendo lo que ella manda, será feliz en lo que hace» y continua: «Si alguno cree ser religioso, pero no sabe poner freno a su lengua, se engaña a sí mismo y su religión no sirve de nada.»

Y en el versículo 25, Santiago dice que vivimos bajo la gracia de Dios en una libertad perfecta y eso no es lo mismo que estar viviendo en un libertinaje, para que se pueda decir lo que se nos venga en gana sin importarnos el efecto de nuestras palabras (o escritos). De ahí que Santiago nos exhorta, «Ustedes deben hablar y portarse como quienes van a ser juzgados por la ley que nos trae libertad.» *(Santiago 2:12 DHH)* La ley que nos trae libertad es la Ley de Cristo; por eso nuestras palabras deben estar sazonadas con sal y con el amor al prójimo y a Dios como lo dicta la gracia de nuestro Señor.

Es verdaderamente magnífico y magistral lo que escribió el discípulo Santiago en Santiago 3:2-12 *(versión DHH)*:

Todos cometemos muchos errores; ahora bien, si alguien no comete ningún error en lo que dice, es un hombre perfecto, capaz también de controlar todo su cuerpo. Cuando ponemos freno en la boca a los caballos para que nos obedezcan, controlamos todo su cuerpo. Y fíjense también en los barcos: aunque son tan grandes y los vientos que los empujan son fuertes, los pilotos, con un pequeño timón, los guían por donde quieren. Lo mismo pasa con la lengua; es una parte muy pequeña del cuerpo, pero es capaz de grandes cosas. ¡Qué bosque tan grande puede quemarse por causa de un pequeño fuego! Y la lengua es un fuego. Es un mundo de maldad puesto en nuestro cuerpo, que contamina a toda la persona. Está encendida por el infierno mismo, y a su vez hace arder todo el curso de la vida. El hombre es capaz de dominar toda clase de fieras, de aves, de serpientes y de animales del mar, y los ha dominado; pero nadie ha podido dominar la lengua. Es un mal que no se deja dominar y que está lleno de veneno mortal. Con la lengua, lo mismo bendecimos a nuestro Señor y Padre, que maldecimos a los hombres creados por Dios a su propia imagen. De la misma boca salen bendiciones y maldiciones. Hermanos míos, esto no debe ser así. De un mismo manantial no puede brotar a la vez agua dulce y agua amarga. Así como una higuera no puede dar aceitunas, ni una vid puede dar higos, tampoco, hermanos míos, puede dar agua dulce un manantial de agua salada.

El dominio de la lengua por lo tanto no es algo imposible. Tener un lenguaje coherente y positivo se puede lograr en oración.

Ahora en estos tiempos que existe el Internet, por analogía, para los cristianos es la misma regla: «De la abundancia del corazón, se escribirán en los teclados».

¡Qué difícil se nos hace conocer realmente a la gente! Las apariencias nos muestran gente elegante, educada, atractiva, adinerada o quizás… todo lo contrario. Pero, solamente al escucharlas hablar, podemos conocer su verdadera naturaleza, la misma esencia que los alimenta, la condición de su corazón que se revela como un libro abierto.

La comunicación es un regalo que Dios nos ha dado para fomentar relaciones sanas, para unir a la familia, para establecer lazos fuertes en la pareja, para edificarnos los unos a los otros… para construir. Es por esto que es bueno abrir el corazón y hablar de lo que hay en él. No siempre los días traen consigo

El dominio de la lengua por lo tanto no es algo imposible.

cosas buenas para hablar. No todo lo que nos rodea es precisamente color de rosa. No estamos siempre de acuerdo con todo el mundo. Es bueno hablar de ello, es bueno sacar del corazón ese peso que no nos permite seguir, pero por otro lado, es mejor ir contra la corriente de este mundo y encontrarle el lado amable a la vida — recalcar lo bueno que hay en la gente que le rodea; minimizar sus errores y amplificar sus aciertos; hablar de las circunstancias no como si fuera una montaña imposible de escalar, sino más bien mirarlas y hablar de ellas como lo que realmente son, una oportunidad para ver cuán poderosas son las palabras de su boca, y una situación que ¡sin duda Ud. conquistará!

¡Qué bueno sería si hoy todos habláramos bien — si todos construyéramos con el poder de nuestras palabras!

Pero para que esto suceda, hay que realizar una

"venta de garaje". Saca todo lo viejo, lo que ya no sirve, bota lo roto, lo que a nadie le será de utilidad, desecha la basura que ha acumulado por tanto tiempo.

¡los humanos no somos perfectos pero sí somos perfectibles!

Limpia la casa, poda el jardín, renueva los muebles... cambia la distribución de ellos. Píntala de colores, arregla lo que está en mal estado y llénala de flores y aromas agradables. Sólo así y sólo entonces, en su corazón habrá suficiente espacio para que entre la gratitud de Dios por lo bueno que Él ha sido. Habrá un nuevo espacio para llenarlo con Su Palabra; podrá entonces llenar cada rincón de gratos recuerdos y de valiosas lecciones de vida, que sin duda al compartirlas por donde vaya, serán de gran bendición a quienes le escuchen.

Ahora sabe que Ud. es lo que habla... cuénteme... qué hay en su corazón?

¿Se cree perfecto? Enhorabuena. Ya tiene una muy buena razón para ser generoso con los demás, a los que Dios o la naturaleza, no les ha dotado de tanta perfección.

¿No es perfecto? Pues ten un poco de humildad y comprensión hacia los demás... ¡los humanos no somos perfectos pero sí somos perfectibles! ¡Deje de criticar y sea comprensivo!

4.- El Lagarto
ENVIDIOSO

La envidia es sentimiento de tristeza, ardor o pesar por el bien ajeno. Es una pasión deseosa de que al prójimo no le vaya mejor sino peor. La envidia es una respuesta emocional, que surge ante las virtudes, los éxitos o los logros de otros. También podríamos decir que la envidia es el reconcomio de desagrado por no tener o poseer algo que alguien más tiene.

Cuento sobre la Envidia:

En una ocasión, una serpiente empezó a perseguir a una luciérnaga. Esta huía rápido con mucho miedo de la feroz depredadora. Pues la serpiente no pensaba desistir.

Pasó un día y la víbora no lograba atraparla pero no desistía; dos días y nada... En el tercer día, ya sin fuerzas, la luciérnaga paró y le dijo a la serpiente:

— ¿Puedo hacerte unas preguntas?

La víbora contestó, —No he tenido este precedente con nadie, pero como te voy a devorar, puedes preguntar...

— ¿Pertenezco a tu cadena alimenticia?

— No.

— ¿Yo te hice algún mal?

— No.

— Entonces, ¿por qué quieres acabar conmigo?

— Porque no soporto verte brillar...

El envidioso es un insatisfecho, ya sea por inmadurez, represión, frustración, etcétera que, a menudo, no sabe lo que es. Por ello siente, consciente o inconscientemente mucho rencor contra las personas que poseen algo (habilidades, virtudes, belleza, dinero, éxito, poder, libertad, amor, personalidad, experiencia, felicidad, etc.) que él también desea, pero no puede o no quiere obtener. Así, en vez de aceptar sus carencias o percatarse de sus deseos y facultades para darles curso, el envidioso odia y desea destruir a toda persona que, como un espejo, le recuerda su carencias. La envidia es, en otras palabras, la rabia vengativa del impotente que, en vez de luchar por sus anhelos, prefiere eliminar lo que otros poseen. Por eso la envidia es un arma típica de las personas más débiles, acomplejadas o fracasadas.

Dicho sentimiento forma parte también de ese rasgo humano, el narcisismo, o machismo, desde que el sujeto experimenta un ansia ciega por destacar, por ser el centro de atención, siempre ganar, quedar por encima de todos, ser el "más" y el "mejor" en toda circunstancia, sin importar a quien daña. Debido a ello, muchas personas sienten continuamente ardor y angustia por los éxitos y la felicidad de otros. Viven en perpetua competencia contra todo el mundo, atormentadas sin descanso por la envidia. No es ya sólo que los demás tengan cosas que ellos desean: ¡es que las desean precisamente porque los demás las tienen! Es decir, las desean para no sentirse menos o "quedarse atrás". Este sufrimiento condiciona su personalidad, su estilo de vida y su felicidad.

Las formas de expresión de la envidia son muy numerosas: críticas, ofensas, dominación, rechazo, difamación, y hasta agresiones. En las relaciones personales y de pareja, la envidia provoca muchos conflictos. En la vida social y política, su influencia es inmensa. La envidia de los flojos y resentidos, estimula sus violentas críticas (igualitarismos y revoluciones). La envidia de los poderosos, fomenta sus

La envidia es...
la rabia
vengativa del
impotente
que, en vez
de luchar por
sus anhelos,
prefiere
eliminar lo que
otros poseen.

luchas políticas. La envidia de los narcisistas y codiciosos, nutre los concursos millonarios de televisión. La mutua envidia de las mujeres, robustece el colosal negocio de la belleza y la moda, así como la de los hombres excita su frenética competitividad. Las envidias económicas fomentan el consumismo, ...etcétera.

Les comento que la envidia no es ninguna novedad.

El envidioso malgasta su talento y su tiempo, destrozando a los demás y propagando mil mentiras, disfrazando la verdad. La envidia provoca criticar por criticar, como un puñal en mano, buscando a quien clavársela.

La envidia es considerada como un pecado capital porque genera otros pecados.

La envidia es considerada como un pecado capital porque genera otros pecados. El término "capital" no se refiere a la magnitud del pecado, sino a que da origen a muchos otros pecados y rompe con el amor al prójimo que proclama Dios.

Tomemos el caso de Caín y Abel. Caín y Abel llevaron un obsequio a Dios. Caín se dedicaba a la agricultura. Abel era pastor de ovejas. Cada cual llevó una ofrenda a Dios. Caín llevó un hato de su cosecha. Abel llevó una oveja. Dios mostró más agrado por el regalo de Abel, no por el hecho de que Caín hubiese llevado frutas y verduras, y Abel un cordero, sino porque Abel se esmeró y se esforzó a seleccionar el mejor cordero, mientras que Caín en vez de haberse esforzado en seleccionar lo mejor de su cosecha, llevó cualquier cosa. Eso reveló el corazón de Caín. No hizo la ofrenda por agradar a Dios sino sólo por cumplir. Caín y Abel tuvieron la misma oportunidad de esmerarse y esforzarse por dar lo mejor de su producción, sin embargo, fue Abel quien voluntariamente se esforzó más para no sólo cumplir, sino agradar a Dios. Eso provocó la envidia en Caín. Él exigía igualdad de agrado, sin haberse esforzado al igual que su hermano.

Los psicólogos describen la envidia, como un sentimiento de inferioridad, el cual opera en forma de culpabilidad, que el envidioso siente por no poseer atributos que él desea. Los defectos físicos, intelectuales o emocionales, de un acosador envidioso, generan un sentimiento de inferioridad que la persona intenta compensar, superando esas carencias mediante el desarrollo de un complejo de superioridad. El complejo de superioridad hace que el envidioso viva en la ficción de la posesión de valores, atributos y cualidades que en realidad no posee, negándolos en los demás de manera ofensiva. Cuando surge en su entorno una persona (la víctima) que sí posee en verdad tales características, ello supone para el acosador un verdadero choque con la realidad. Su reacción ante esa dolorosa realidad suele consistir en negar y criticar con ardor, provocando desagrado contra la víctima. El objetivo del envidioso es desaprobar y desaparecer a la víctima de su horizonte social, porque sus capacidades suponen para éste una desestabilización psicológica.

La envidia es una declaración de inferioridad. Es una declaración de baja autoestima. El autoestima es el valor que le da uno a sus habilidades, a sus esfuerzos y a sus emociones. Cuando le da un valor bajo a su ser, eso empieza a provocar envidia. Es decir que uno empieza a desear lo que otros tienen u obtienen por su esfuerzo o talento. Empieza a minimizar sus talentos o habilidades, dándoles poca atención. Es decir que en vez de ocuparse en elevar sus aptitudes, empieza a preocuparse y a molestarse por lo que otros tienen.

Sugerencias:

La envidia sólo se cura concientizándose de y resolviendo las propias carencias y dificultades, a través de un proceso de crecimiento mental, emocional y espiritual. La persona madura no envidia a nadie.

La persona madura no envidia a nadie.

Caín no tuvo el carácter (modo de ser) de aceptar que Abel se había esforzado más y que él no se había esforzado tanto como su hermano. Tampoco fue capaz de aceptar que iba a haber otras oportunidades de esforzarse con esmero y no sólo cumplir, sino agradar a Dios. Hay que recordar que mientras una persona no haga las cosas bien, alguien más las va a hacer mejor, y no ser capaz de aceptarlo puede terminar en una tragedia. El hecho de que alguien haga las cosas mejor no es para sentir envidia, sino para ser noble y aprender.

Recordemos que la baja autoestima provoca la envidia.

¿Qué es el autoestima? Autoestima es el valor, la creencia, que usted le da a los sentimientos de su ser; es el valor, la creencia, que le da a su manera de ser y de pensar. Esta se aprende, cambia y la podemos mejorar. Es a partir de los 5 a 6 años cuando empezamos a formarnos un concepto de nosotros mismos, de cómo nos ven los demás según nuestras acciones.

Según cómo se encuentre nuestra autoestima, ésta es responsable de muchos fracasos o éxitos, ya que una autoestima adecuada, vinculada a un concepto positivo de sí mismo, potenciará la capacidad de las personas para desarrollar sus habilidades y aumentará el nivel de seguridad personal, mientras que una autoestima baja enfocará a la persona hacia la derrota y el fracaso.

Por lo tanto, entender los siguientes puntos en cuanto al autoestima es importante:

- El autoestima es un recurso natural en el ser humano para lograr un objetivo.

- El autoestima es desarrollable.

- El autoestima tiene fuerza cuando está relacionada con un sueño.

- El autoestima cobra aun más fuerza cuando uno conoce a y sabe de Dios.

- El autoestima está relacionada con el hecho de estar conscientes de nuestras potencialidades y limitaciones.

- El autoestima está relacionada con la confianza en uno mismo.

- El autoestima provoca la acción hacia el logro de los objetivos.

- Podemos tener limitaciones y a pesar de ello tener buen autoestima.

El autoestima es siempre cuestión de grados y puede ser aumentada, ya que si lo vemos con cuidado, concluiremos que siempre es posible estar más consciente de nosotros y de la relación que tenemos con lo que sabemos. Por eso es importante saber cómo aumentar, elevar o desarrollar el autoestima para evitar la envidia.

¿Qué puede usted hacer para mejorar su autoestima y evitar la envidia? Veamos algunas sugerencias:

1. Escuchar audios de historias de éxito.

2. Asistir a eventos de superación personal.

3. Leer buenos libros de superación personal. Estos le ayudarán a pensar nuevas alternativas de cómo hacer las cosas y cómo visualizarse usted positivamente.

4. Mantener su mente ocupada con pensamientos positivos sobre usted y los demás.

5. Sentirse orgulloso de lo que hace, especialmente cuando las cosas las realiza bien. Por el contrario, no

permita que otros interfieran negativamente con usted. No puede cambiar la conducta de otros, pero sí la suya. Entonces, obre bien y será el ejemplo para otros.

6. Sentirse orgulloso de lo que usted es. Identificar y aceptar sus destrezas y conocimientos. Todo el mundo posee talentos otorgados por Dios. Usemos esos talentos para desarrollarnos al máximo. Tómese tiempo ocasionalmente para evaluar sus adelantos.

7. Establecer metas realistas a corto plazo. Fijar su mente en las mismas y visualizar cómo puede realizarlas. Desarrollar nuevas destrezas y conocimientos (si fuesen necesarios) para alcanzar dichas metas.

8. Adoptar la actitud de «Yo Puedo».

9. Crecer espiritual y mentalmente. Otras personas están en su misma posición. Aprenda a tolerarlas y a ayudarlas. Juntos podrán formar un equipo mejor. Desunidos provocan la prolongación de cualquier meta. Solicite y acepte la ayuda o asesoría de otras personas. En la unión está la fuerza.

10. Leer la Biblia. Dese la oportunidad de crecer espiritualmente y de aprender de nuestro creador.

Señoras y señores, la envidia puede ser evitada, si damos lo mejor de nosotros — esforzándonos, empujándonos, entregando lo mejor de nosotros. Recuerde, en nuestras manos, en nuestra mente y en nuestro corazón, está qué tan duro trabajamos.

5.- El Lagarto
VICIOSO

Un vicio es aquel hábito o práctica que se considera inmoral y degradante en una sociedad. El vicio es el antónimo (el opuesto) de la virtud. La palabra "vicio" proviene del latín vitium, que significa «falla o defecto», aunque el significado social que se le ha dado a la palabra se ha ido ampliando para incluir muchas otras acepciones, tales como: la prostitución, adicción a la pornografía, la lujuria, el libertinaje y la obscenidad.

El término vicio también se aplica, en sentido popular, a diversas actividades consideradas inmorales por algunos; una lista de éstas puede incluir el consumo de bebidas alcohólicas (incluso aunque no se trate de alcoholismo) y de otras sustancias recreativas (aunque no se trate de una adicción), las apuestas, el consumo de tabaco (aun cuando no se trate de los niveles de consumo que definen el tabaquismo, es decir, la adicción al tabaco), la imprudencia, la burla, la broma, la mentira (trátese de mentiras muy leves o mentiras piadosas), el egoísmo, etc.

Una virtud puede corromperse a través del vicio. Los lagartos viciosos tienen la peculiaridad de ser nocturnos y de ocultar su comportamiento. Con este calificativo, se pueden describir a estos lagartos como inmorales. Pues ocultan su comportamiento.

Tienden a ocultar sus vicios, aunque sea de día. A los lagartos viciosos no se les puede confiar ninguna responsabilidad; requieren de mucha supervisión y vigilancia. Para que pueda ser efectivo en algún agrupado de trabajo, hay que mandarlo primero a un tratamiento profesional para su propio beneficio y seguridad de la sociedad en general.

Diego fue un individuo que se decía un intelectual, capaz de debatir en cualquier tema. Sin embargo, era muy desparpajado, desaliñado, indolente y descuidado de sus pertenencias y no bien ocultaba sus preferencias homogéneas.

Una virtud puede corromperse a través del vicio.

A alguien con poder le inspiró confianza y lo puso en un cargo de responsabilidad calificadora, el cual aprovechó para allegarse amistades adecuadas. Y a los pocos meses de ejercer el cargo, fue asesinado, apuñalado en su propia casa, al parecer por una banda de depravados alcohólicos que él mismo había invitado a una convivencia nocturna.

Los individuos suelen jactarse de sus virtudes, cuando en realidad esconden infinidad de vicios. La verdad no se puede ocultar.

Pequeño encuentro entre La Verdad y Los Vicios

Un buen día, habiendo ya terminado la primavera, cuando las flores comenzaron a volverse frutos tiernos y el suelo estaba cubierto del deshojar de los follajes y los pétalos parecían alfombras de colores; entonces los árboles se avistaban orgullosos, disponiendo sus ramajes renovados al encuentro del cálido verano. Por mi rumbo, el horizonte apuntaba hacia el sol que se encubría entre nubarrones amenazantes, avisando una tormenta en la lejanía, el viento amigablemente soplaba en mi cara y a mí me parecía más bien, una bellísima puesta del sol anticipada, de aquel atardecer, todavía joven para que el sol se ocultara tan temprano.

Como de costumbre, era la hora de regreso a mi casa, y como siempre, me sentía exhausto, pero muy conforme de haber cumplido las tareas para mi jefe, a quien admiro con vehemencia, y quien rutinariamente exige de mi trabajo mucha entrega, dado que la compañía es una empresa editorial, donde laboramos escritores de opinión, periodistas, reporteros, redactores, etcétera. Por lo cual, ya concebía necesitar un buen descanso.

Cuando llegué a mi casa, todo estaba muy tranquilo. Mi esposa y mis hijos, cada quien en sus espacios, estaban entregados a sus propias ocupaciones; solamente los saludé cariñosamente y los dejé que continuaran en lo suyo. Me regalé un baño de agua tibia, me puse mi pijama de rayas horizontales y me dirigí a la sala contigua a la cocina. Las noticias anunciaban una lluvia a las 7:00 p.m. pero la televisión la detesto y la apagué. Me preparé un café orgánico, ocupé mi sillón preferido en la antecámara y revisé algunos apuntes; obviamente era el preludio para concertar mi disposición a dormir. ¡De pronto! cuando ya había conciliado el sueño, en mi incipiente dormitar recuerdo que percibí un ruido en la cocina.

En mi subconsciente pensé, tal vez se trata de un gato o algún otro bicho, de esos que merodean en la soledad de una cocina, y sin darle mucha importancia, me armé con una de mis pantuflas en la mano para espantar al intruso que me había incomodado. Pero al asomarme, noté que el refrigerador estaba abierto y que una silueta se ocultaba tras de la puerta del refrigerador. No sabía qué hacer; me dio algo de miedo; traté de mantenerme quieto. Pensé que si se trataba de un ladrón, el tendría todas las de ganar, porque con mi pantufla nunca podría someterlo. Entonces decidí escurrirme sigilosamente para ir por algo más convencional y poder controlar aquella situación tan imprevista, pero una fuerza extraña me impedía moverme. Quería arrastrarme suavemente hasta mí recámara; yo intentaba pero no avanzaba y en eso estaba, cuando:

La silueta me habló, lentamente, con una voz misteriosa, muy fría pero límpida, clara, diáfana como si viniera desde muy lejos, desde los tiempos de mi infancia, hasta mi condición de adulto; aquella voz, calaba las entrañas de mi organismo, y pausadamente dijo:

—No te preocupes, no es necesario que traigas la pistola calibre 32, que está debajo del colchón donde duermes, ni tampoco hace falta que uses el teléfono para llamar a la policía, es más, ni siquiera sirve de nada que te asustes. El que obra bien, no tiene porqué temer. No, no soy el espectro de tu abuela y para que te tranquilices, te diré quien soy: Soy LA VERDAD, una revelación de la forma y voz de tu conciencia, y es por eso que puedo leer las intenciones de tu imaginación.

En ese momento me estremecí; un montón de ideas se me vinieron a la mente y con agilidad mental especulé: «¡Pamplinas! ¿Cuál verdad? ¿De qué se trata esto? ¿Acaso yo me he conducido con mentiras? ¡Caray, los mentirosos son otros! Y esos mentirosos son a los que yo concientizo.» Sin embargo, poco a poco, se me fueron desvaneciendo esas lucubraciones. Entonces me pregunté: «¿La Verdad personificada?» Pero de nuevo la silueta con palabras recónditas y sin darme tiempo a interrogarla volvió a manifestarse:

—Claro, así es, soy La Verdad; vine para orientarte a la sociedad que debes criticar, y a señalarte los individuos a quienes debes reprochar. Porque la crítica no es mala, cuando es sabia y constructiva. Cuando se busca remover las consciencias y hacer reflexionar a los grupos sociales que se desvían hacia el ocultamiento de sus vicios, y cuando los reproches a los individuos tratan de sacudir sus consciencias opacadas por sus libertinajes oportunistas — esta forma de criticar es buena.

De alguna manera, creo que comencé a sentirme más tranquilo y me animé diciendo:

—Bueno, y ¿por qué es a mí, a quien supongo pretendes ayudar con tu presencia?

—Porque estoy segura de que la información objetiva que te daré, es un arma poderosa, y que tu trayectoria me dice, que la usarás como un instrumento de buena fe, como una herramienta para cultivar el razonamiento de las personas y los grupos a quienes puedes inculcarles la paciencia y sapiencia de la sinceridad en sus actitudes y esperanzas.

—A ver, a ver, pero entonces, si como dices, tú eres "La Verdad personificada" virtualmente, ¿qué hacías tratando de hurtar los alimentos de mi refrigerador? Porque supongo, que la palabra y gentileza "verdad" es de género femenino que predica la honestidad, y tú te has metido en mi casa a hurtadillas sin ser invitada.

—Mira, mira, tranquilo; a La Verdad no se le puede poner ningún adjetivo de género, ni tampoco requiere de invitación; La Verdad es la realidad y está en todas partes. Pon atención, la primera condición para que sepas la realidad de las cosas, es que no te guíes por las apariencias, ni te hagas falsas suposiciones, porque La Verdad también tiene hambre, también tiene ganas y apetito de manifestarse hasta de esta forma hambrienta de ser escuchada, ¿o no te has dado cuenta que tu refrigerador está repleto de alimentos, que durante muchos días nadie los ha consumido? Mientras que la verdad es, que otros se están muriendo de hambre. Pero te daré una excusa: mi viaje fue muy largo y muy tortuoso y, la verdad es que tengo mucha hambre. Pero ya deja de perder el tiempo en pequeñeces; mejor vayamos a lo que vine.

La silueta me tendió su mano derecha, pero yo no le di la mía. Entonces ella la tomó y la colocó sobre su hombro izquierdo. Yo la sentí muy suave y generosa. Fulguraba una luz como indicándome el camino que emprenderíamos. Yo quería verle la cara pero ella avanzaba atrayéndome sin que yo pudiera resistirme. Cuando la tuve frente a mí, esperaba ver a una persona joven y esbelta, como suelen los artistas imaginar a los ángeles y querubines mitológicos. No fue así; ésta caminaba a mi lado como una persona muy segura de sí misma, magnánima, y como una figura viviente bien conservada. Inspiraba una madurez encantadora pero estricta. Su vestimenta era humilde, pero pulcra, sencilla y pudorosa.

Cuando salimos de mi casa pensé: «Y yo, con esta pijama de rayas, voy a ser la burla y el hazmerreír de toda la gente, o tal vez me querrán atrapar pensando que soy un fugitivo de la antigua cárcel de Lecumberri. ¿Quién sale a las calles con en este tipo de ropa?»

—Otra vez estas con las suposiciones; el ropaje que te pongas no es lo importante; lo importante es la indumentaria de tus intenciones, voluntades y sentimientos.

¡Qué pena! Otra vez "La Verdad" me pilló y atajó mis temores; para completar, ¡de pronto me sentí etéreo! Sí, incorpóreo, impalpable; era como si me encontrara entre el letargo de un sueño tan interesante y largamente esperado, que simultáneamente me sentía perceptible y despierto. Y me apresté a disfrutar de la compañía de "La Verdad".

Así emprendimos nuestra contingencia; caminamos a pie. Las calles estaban llenas de gente y sin embargo a mí me parecían vacías, porque nadie nos saludaba y ni siquiera se fijaban en nosotros; todo el mundo nos ignoraba. Durante el espacio del caminar al lado de "La Verdad", ella amenizaba el recorrido comentándome un poco de su familia:

«Mi padre es el arquetipo de La Prudencia, una de las dignidades esenciales donde se conjugan la templanza, la cautela, la moderación y la sensatez. Toda su Prudencia, le sirve para discernir y distinguir lo que es bueno o malo, para seguirlo o huir de ello, para controlar los apetitos y el uso excesivo de los sentidos y someterlos a la razón y a la justicia.

«Mi madre es La Paciencia. Ella representa el complemento de la abnegación, el altruismo, el sufrimiento, la buena fe y la esperanza de las cosas buenas, porque La Paciencia significa la energía de resistir y plantarse frente a las adversidades sin alterarse, sin trastornarse ni destruirse. La Paciencia es la potestad de saber dar tiempo al tiempo de las cosas que se desean mucho y además, tener el valor para animar a otros y a sí misma sin claudicar, perseverando en los objetivos aun después del fracaso. Figúrate a La Paciencia, como una viña, expuesta siempre a los inviernos crueles, cuyas raíces son amargas pero que sus frutos son dulcemente deliciosos.

«Mi hija es La Sinceridad. Su naturalidad inspira confianza para expresarse con espontaneidad, y de esta manera evita los subterfugios y evasivas para estar siempre dispuesta a conducirse por La Verdad. Su sencillez, la hace inmune al bicho de la superficialidad y su Sinceridad la remoza frente a las presiones y exigencias de la vulgaridad.

«El nombre de mi hijo es "Probo", apócope masculino de la probidad, es decir, fruto de la unión del prudente y la paciencia, donde se advierten las cuatro virtudes capitales: la entereza, la justicia, la fortaleza y la templanza del hombre que practica la honestidad, la rectitud y la integridad en el pensar, en el comunicar, en el convivir y en el intervenir.»

Yo me sentía fascinado; quería que esa pequeña trayectoria fuera interminable. La figura corpórea de "La Verdad" parecía la de una persona limpia y sencilla; nada le molestaba, nada le inmutaba y se desenvolvía caminando como quien no tiene nada que ocultar, como quien nada tiene que le reprochen, pero que sí tiene mucho que exponer. Cuando por fin pareció que el recorrido había terminado, mi sorpresa fue mayúscula; llegamos precisamente a la casa de mi jefe, una mansión exuberante, custodiada por sus lacayos, pertrechados con armas de grueso calibre; me temblaron las piernas pero "La Verdad" me balbuceó:

«No tengas miedo, vienes conmigo y a los embusteros y farsantes les da mucho temor enfrentar a "La Verdad" y se hacen de "la vista gorda".

Y continuamos, hasta creo que nos abrieron las puertas para llegar al "bunker" y aposento de mi Jefe.

—He aquí al individuo que tanto admiras con vehemencia. ¿Tú crees que realmente lo conoces?

—Lo suficiente para decir que es un hombre que tiene muchísimo dinero y por eso creo que es una persona de palabra en quien confiar, —respondí.

"La Verdad" soltó una sonrisilla, y con su mano izquierda me dio unas palmaditas en la espalda, y mirándome a los ojos, expresó tranquilamente:

—No debes ser tan lento de aprendizaje; ¡de nuevo estás con las suposiciones y te dejas impresionar por lo que él te dice! Fíjate bien, un individuo que sustenta su influencia en el dinero y rige su vida sólo en el caudal que esté en sus manos aglutinar, no puede ser digno de confiar. Nada más mira lo que está haciendo...

—Lo que estoy viendo, es que mi Jefe tiene muchísimas fajas con billetes de a mil dólares, numerosísimas barras de oro y cantidad de diamantes en esa enorme caja fuerte. Y desde mi punto de vista, el que tenga tantísimo dinero no es malo; bueno, si es que se lo ha ganado trabajando honrada y legalmente.

—En efecto, es justo lo que dices, pero ¿te consta y puedes dar testimonio, de que todo ese caudal, tu jefe realmente se lo ha ganado honradamente?

—No, no lo sé, pero jamás lo he visto robar.

—Deduzco tu posición, pero nunca enfoques tus juicios sentimentales sin saber las realidades y procedimientos de los individuos. En el caso del dinero que ostenta tu jefe, mejor pregúntate, ¿de dónde habrá salido tanto dinero?

—Y ¿cómo lo voy a saber?

—Con prudencia y con paciencia, podrás escudriñar la sinceridad y la probidad de las personas; solamente por hoy, como al principio tu mismo sospechaste, yo te ayudaré—

Bueno, yo quedé entusiasmado, porque "La Verdad" me dio la oportunidad de entrar a la bóveda donde estaban los caudales, y me permitió revisar las fajas de billetes, cuando ¡de pronto! distinguí unos papeles debajo de ellas; saqué esos papeles, los observé detenidamente; eran documentos considerables — eran los bonos navideños nominados para todos los empleados de la empresa donde yo trabajo y que mi jefe nos había escatimado desde hacía muchos años. Y desde luego recordé que el jefe se justificaba cada año, arguyendo, que debido a la cuestión económica del país, la empresa había suspendido la entrega de esos bonos. Y fue así como pude ver la realidad: el desgraciado nos había estado arrebatando las recompensas anuales por nuestro trabajo, había cometido un perjurio, una prevaricación delictuosa en contra de nuestros sacrificios y esmeros en la empresa donde laboramos. Efectivamente mi jefe no era digno de mi admiración, y concluí aceptando la lección que "La Verdad" me había obsequiado.

—Ni hablar —le dije— tienes razón estoy decepcionado.

—Tranquilo; es mejor que te sientas hoy decepcionado dándole la cara a La Verdad, a que vivas ilusionado por la falsedad. He aquí, la importancia de "la prudencia, la paciencia y la probidad", si te resultó valedera mi ayuda, en tu corazón no habrá cabida para el odio, porque el odio no es sano; ni para la venganza, porque la venganza no es la crítica; sino para el análisis constructivo y servicial para la sociedad y para ti mismo.

—Está bien; ahora por favor acompáñame de regreso hasta mi casa.

"La Verdad" se me estaba yendo, pero escuchó mi petición; dio media vuelta y casa por casa fuimos descubriendo cantidad de "lagartos" viciosos: comerciantes voraces, burócratas soberbios, consumidores entregados al alcoholismo y la drogadicción indiscriminada, tantos y tantos "lagartones" estancados en fangos de libertinajes, algunos, hasta vergüenza me da señalar.

Yo me sentí temeroso, pero aquello, en mi trabajo de escritor y periodista de opinión, era mi responsabilidad analizar. ¿Cómo podría exponer todo esto ante la sociedad? No sabía qué hacer. ¿Cómo decir todo esto sin abordar la privacidad de los demás? ¿Acaso tendría que hacerme de la vista gorda? ¿O ignorar la existencia de todos esos "lagartos" viciosos?

"La Verdad" nuevamente me copió; soltó una pequeña sonrisa y me dijo:

—No te hagas bolas; La Verdad es la realidad, y la privacidad o la intimidad de las personas, sólo es un secreto, mientras no afecte o contamine los valores morales de la sociedad, y los hechos viciosos contaminan. Por lo tanto, nadie tiene el derecho de ocultarlos para beneficiarse de ellos; sin embargo, tienes la libertad de decidir.

—¿Quieres concientizar a los viciosos? ¿O quieres encubrirlos con tu silencio? ¿Quieres ayudar a la sociedad? ¿O quieres ser cómplice de los vicios? ¿Quieres ponerte del lado de los probos? ¿O quieres arrastrarte junto a los lagartos viciosos? No te confundas, haz algo, tan siquiera escribiendo para que la sociedad, por sí misma tenga la ayuda de "La Verdad". Ya verás que algún día, podrá ser bien vista la sinceridad y la transparencia en el proceder de las personas. Y sólo de esta forma, cada quien, en su privacidad, asumirá y prevendrá las consecuencias de sus actitudes. Entonces podremos decir: ha llegado la hora de la liberación de los pueblos, porque sólo «La Verdad os hará libres». *(San Juan 8:32 RVR 1960)*

Con la energía y profundidad de esas últimas advertencias, emergí del letargo y del sopor de mi sueño. Seguía en mi sillón preferido. Tenía mucha hambre. Miré el reloj y vi que apenas me quedaba tiempo para desayunar. Cuando abrí el refrigerador, noté que estaba partida en diagonal la mitad de un sándwich, curiosamente envuelta con un papel de los antiguos, de esos que se usaban para escribir los pergaminos. Me pareció un documento importante, y en verdad es importante; en él se puede leer:

«La Verdad es eterna, la mentira muere.»

«La Verdad es la vida, la falsedad es la caída.»

«La Verdad sirve al bien, la farsa impulsa el mal.»

«La Verdad beneficia, la hipocresía perjudica.»

«La Verdad es transparencia, la apariencia es sucia.»

«La Verdad es deliciosa, la simulación es perniciosa.»

«A La Verdad hay que darle la cara, a la disfrazada hay que descubrirla.»

«La Verdad es universal, y es tan poderosa como el sol; en nuestro mundo no se puede ocultar.»

«La Verdad para los humanos es como el hambre; tarde o temprano, por sí sola aparecerá.»

«La Verdad no se puede ocultar.»

Sugerencias:

Como evitar ser un lagarto vicioso? Lo opuesto del vicio es la virtud. El vicio es un hábito destructivo, que normalmente incomoda o desagrada a otros. La virtud es un hábito constructivo, que suele agradar a otros. Para evitar ser un lagarto vicioso uno debe hacer lo opuesto. Es decir, en vez de hacer lo que destruye, y desagradar con nuestros malos hábitos, hay que hacer lo que beneficia y agradar con nuestra buena conducta. Para agradar a otros hay que ser una persona virtuosa. La virtud es una cualidad humana que permite a quien la posee tomar y llevar a término las actitudes correctas en las situaciones más difíciles.

El virtuoso es el que está en camino de ser sabio, porque sabe cómo llegar a sus metas sin pisar las de los otros, sin incomodar a otros. Pone a los demás de su lado y los lleva a alcanzar un objetivo. El virtuoso es el que «sabe remar contra la corriente». También una persona virtuosa es aquella que sabe sacar adelante cualquier problema que venga. Es una persona que tiene muchas cualidades buenas y las pone en práctica a diario.

Las virtudes se consideran cualidades positivas, y se oponen a los vicios.

Las virtudes se consideran cualidades positivas, y se oponen a los vicios.

Platón plantea que el ser humano dispone de tres poderosas herramientas: el intelecto, la voluntad y la emoción. Para cada una de estas existe una virtud: la sabiduría, el valor y el autocontrol. La sabiduría permite identificar las acciones correctas, saber cuándo realizarlas y cómo realizarlas. El valor permite tomar estas acciones a pesar de las amenazas, y defender los ideales propios. El autocontrol permite interactuar con las demás personas y ante las situaciones más adversas cuando se está realizando lo que se debe hacer para lograr los fines propios.

A estas tres virtudes se añade una cuarta: ser cauteloso, que permite respetar las ideas de los demás, sin abandonar las nuestras, para compartir los frutos de nuestras acciones y ayudar a los otros a realizar las suyas.

Sócrates nos dice que la virtud nos permitirá resolver las mejores acciones y con ella podremos distinguir entre el vicio, el mal, el bien y lo moral. También dice que la virtud se puede alcanzar por medio de la educación fundamentada en nuestra moral y en nuestra vida cotidiana. Cree en el intelectualismo moral, el cual se basa en la idea de que la sabiduría se basa en la ética. Si alguien es buena persona automáticamente será sabio. También Sócrates opina que la virtud es aquello que nos ayuda a conseguir el bien mediante razonamientos.

La virtud consiste en actuar siempre de acuerdo con el razonamiento y los buenos principios, sin incomodar desconsideradamente a los demás y sin dejarse llevar por las emociones o por los malos hábitos o vicios, todo lo irracional que hay en nosotros, que no puede controlarse y por tanto debe evitarse.

Ser virtuoso le permite al individuo a obrar bien y evitar el mal, lo cual nos hace una persona honorable.

6.- El Lagarto
DRAMÁTICO

Es aquel género de individuos que dramatizan problemas aunque no sean de ellos. Son muy trágicos; buscan conmover a cualquiera, pero siempre resultan unos bribones. Piden dinero prestado dramatizando conflictos y hasta crean un sentido de suspenso o misterio al ocultar la realidad y actuar sus secretos. Y si les prestan dinero, se hacen olvidadizos para no pagar.

Defraudan simulando fatalidades y luego hablan mal de uno y hasta son capaces de chantajear, intimidando o amenazando a sus víctimas. Definitivamente son agresores encubiertos en sus dramatismos. Saben cómo sensibilizarle a uno, que hasta culpable le hacen sentir.

El lagarto dramático posee una sagacidad original. Aparenta una mansedumbre que a cualquiera puede convencer. Finge ser víctima o sabelotodo, según lo exija la situación, pero la verdad es que siempre está al acecho. Si uno se descuida, le propone algún negocio, un proyecto, porque es muy inteligente y habilidoso para engañar con su docilidad y humillación aparente.

Hay que reconocer que el lagarto dramático es muy inteligente, muy audaz, enérgico y arrojado.

Iniciando la primera década del siglo XXI, cuando la empresa Cosmovisión lanzó una serie de discos compactos para el entrenamiento de micro empresarios, el lanzamiento resultó un éxito y la demanda iba en aumento. La gente pagaba de contado y por adelantado a través de un enlace corporativo.

El Chato era uno de los distribuidores enlazados. Tenía buenas facultades como vendedor y de eso se aprovechaba para hacerse de buenas cantidades de dinero. El pedido nunca lo efectuaba y cuando los compradores reclamaban, culpaba a Cosmovisión.

Aparenta una mansedumbre que a cualquiera puede convencer.

Esta empresa, al tomar cartas en el asunto, descubrió que El Chato nunca realizaba los pedidos y se quedaba con el dinero de las ventas. Cuando se le requirió la devolución del dinero, se puso sumamente dramático, diciendo que el dinero lo había ocupado para pagar la renta de su vivienda, que tenía a su mamá enferma y le tuvo que comprar medicamentos, haciendo un drama lastimoso. Lloró copiosamente lágrimas gruesas y abundantes. Imploró y suplicó que lo esperaran con el pago, que no lo suspendieran y que muy pronto repondría el dinero.

Pues bien, si este lagartón dramático no cumple oportunamente con sus compromisos que adquirió con los clientes, lo que le espera al Chato es el desprestigio ante Cosmovisión y el retiro de la confianza que la gente le otorgó.

Por tanto, la pérdida de la oportunidad para arrancar como empresario de su propio negocio, será inminente.

Sugerencias:

¿Cómo evitar ser un lagarto dramático?

- No mienta y no pretenda querer quedarse con lo que no es suyo.

- No invente problemas para tomar ventaja.

- Acepte su responsabilidad.

- Si no tiene los resultados que quiere, no culpe a nadie, ni mucho menos se haga la víctima.

- Esfuércese y evita ganarse la vida pretendiendo hacer lo que no hace y pretendiendo saber lo que no sabe.

- Sea una persona que actúa con honradez de modo que sea digna de ser respetada.

- Que sus acciones le permitan conservar la dignidad, el respeto y la buena opinión de los demás.

7.- El Lagarto
PEREZOSO

Quizás este es el lagartón más reconocido y común en cualquiera de sus variedades. Este lagarto revela "la lagartonería" en su más pura expresión, que es la flojera en la que vive. Estos reptiles o individuos se vuelven adiestrables y hasta portátiles por quien les garantice el techo y la comida. Estos lagartos no tienen aspiraciones y no les da ninguna pena ser comodones y despreocupados. Se han resignado a no luchar por nada. Se vuelven incultos y fanáticos y hasta religiosos o viciosos. Buscan a qué árbol acercarse para que les dé sombra y cobija. Aparentan ser dóciles y flexibles y hasta adiestrables.

Las personas generosas quieren verlos como seres "buenos". La verdad es que son unos buenos para nada, porque se la pasan inventando cómo no poner esfuerzos y todo les sale mal. Estos lagartos se sienten cómodos con que alguien más les brinde el alimento. Pero eso sí, son celosos y egoístas. Se entristecen si otro lagarto ronda por su plaza. Su flojera lagartona los atrapa en su práctica fanática religiosa. Mueren sin dejar huella de su paso por este mundo.

No hay nada más feo que la flojera. La flojera puede llevar a un individuo al vicio. Es decir que su inactividad le permite tener tiempo para ingeniarse una forma de ganarse la vida sin ser productivo. La flojera de vivir, de superarse, de enfrentar sus miedos, de crecer, de cumplir con su deber, de cumplir con su verdadera misión en la vida, de ser una persona seria, caracteriza a este lagarto.

Hay flojos ordinarios y también flojos inteligentes. Que quede claro: los flojos a veces parecen ser muy activos. El flojo ordinario, el profesional, el flojo experto o religioso o consagrado, hace mil cosas con tal de no hacer lo que verdaderamente tiene que hacer. No confundan. Un flojo no es el que está tirado en la cama todo el día. No, un flojo puede ser el tipo más inquieto del planeta, el más vociferante, el más escandaloso y pantallero... pero no está haciendo lo que realmente debe hacer.

La flojera es fundamentalmente una actitud hacia el trabajo.

La flojera nos hace chismosos, infelices. El flojo siempre está al pendiente o más bien dicho, al acecho de los demás. La vida de otros es su tema de conversación. Además, siempre habla de lo mismo. Y siempre tiene las mismas excusas. Y, a veces es hasta muy susceptible para llorar. El lagarto perezoso es acusador e infeliz. El lagarto perezoso es un destructor.

La flojera es fundamentalmente una actitud hacia

el trabajo. En la vida cotidiana se manifiesta como aversión al trabajo o muy poca disposición a ejecutar una actividad. En una colectividad, el flojo es una persona que tiene muy poca iniciativa, se le dificulta mucho construir propuestas y se le ve como alguien aburrido de la vida, que muestra muy pocas energías.

Cuando se trata de realizar sus actividades elementales, hace un "gran esfuerzo", ya que tiene mínima conciencia de que nadie lo hará por él. La típica expresión del flojo es: «Qué pereza tengo» (así califica su estado de ánimo); de esa forma reconoce que padece una conducta enfermiza. El flojo desea que otros hagan el trabajo por él y gozar así del trabajo ajeno, para convertirse en un parásito que no produce, pero vive de la producción de otros. En definitiva, el flojo es un individuo que no tiene amor por el trabajo creativo.

La persona floja, siempre tiene muy poca actividad y su relación con el trabajo es inconstante. La flojera es la negación casi permanente al trabajo. La persona floja come, duerme y su actitud al trabajo se mantiene estática. La flojera va de la mano con el ocio, no así con los deberes. La realidad es que la persona que padece la flojera, vive en un círculo vicioso sin intentar salirse.

El fenómeno de la flojera afecta principalmente a la juventud, la cual muchas veces no es consciente de padecerlo, porque no ha habido nadie que le advierta de los daños que produce este mal.

La flojera es una amenaza para la realización de ideales,

proyectos y convicciones. El sujeto que la padece y no logra liberarse de ella, termina convirtiéndose en un mediocre.

Una forma particular donde se manifiesta la flojera, es en el estudiante; si le preguntáramos si va a la escuela por obligación, o para "ser alguien en la vida", porque la universidad le otorgará un status social, es decir, un título que le dará la posibilidad de un empleo remunerativo. ¿Para ser uno más del "montón" o de la "borregada"? ¿o para destacar como emprendedor e innovador de nuevas alternativas?

La flojera académica del escuelante, consiste en la tendencia en aplazar las tareas académicas y la relajación en los tiempos o fechas de entrega de resultados. Siempre está presente el factor de confiarse y despreocuparse. El estudiante se empieza a preocupar en la víspera de la entrega de calificaciones y trata de ponerse a trabajar. Como es natural, el escolapio es invadido por una presión, que es producto de haber dejado pasar mucho tiempo para hacer lo que ahora, ya muy tarde, se dispone a hacer.

El esfuerzo que hará el alumno no será ejemplar y los resultados no serán los mejores. Puede darse el caso, de que el educado huya de su responsabilidad y ni siquiera intente realizar sus tareas académicas, justificándose con que no gusta de estar presionado.

En síntesis, la flojera académica del universitario, consiste en no hacer alguna actividad académica a tiempo, porque siempre se confía en que hay mucho tiempo para hacerla. Cuando el tiempo se agota, surge la preocupación, pero ya hay un ambiente de presión que no es óptimo para hacer lo que se tiene que hacer. Aquí el escolástico puede optar por dos caminos: hacer lo que tiene que hacer pero de manera deficiente, o bien, no hacer nada dejando todo a la deriva y tirando todo por la borda, es decir, optar por no complicarse la vida y desertar.

Si queremos salir adelante, sólo se lo puede lograr a través de desplegar hacia el mayor esfuerzo.

La sugerencia es que el estudiante reflexione su problema, adquiera conciencia de la necesidad de hacer las cosas de manera diferente, pero empezando a intentarlo desde ya. Sólo de esa forma puede irse transformando de manera gradual en un estudiante responsable.

Necesitamos urgentemente romper con el comportamiento o la tendencia de poner el menor esfuerzo. Si queremos salir adelante, sólo se lo puede lograr a través de desplegar hacia el mayor esfuerzo.

En un seminario, a un grupo de personas se les preguntó: ¿A quién le había atacado la flojera aguda?, y se les pidió que levantaran la mano. La mitad lo hizo, la otra mitad, no la levantó porque tenía "flojera".

Hoy por hoy, nuestro más importante e inmediato desafío es sacudirnos la pasividad y matar al lagarto perezoso que está dentro de nosotros. Estos son los síntomas más notorios de la mediocridad. Son tiempos de esfuerzos sostenidos, de constancia y perseverancia, de aplicarnos a fondo si de verdad queremos surgir como personas, familias y nación de triunfadores. Ya tendremos tiempo para descansar el día que nos digan: «Descanse en paz».

No hay causa más digna que realizar una tarea bien hecha. Renunciar a trabajar es renunciar a ser creativo, a ser parte importante de la creación. Me imagino que si un ser humano no trabaja, no enfrenta desafíos, no tiene obstáculos por superar, y si además recibe sin esfuerzo su alimento, a este tipo de personas se les hace más daño dándoles empleo, que bien.

El Pajarito Perezoso

Había una vez un pajarito muy simpático, pero muy, muy perezoso. Todos los días, a la hora de levantarse, había que estar llamándole mil veces hasta que por fin se levantaba; y cuando había que hacer alguna tarea, lo retrasaba todo hasta que ya casi no quedaba tiempo para hacerlo. Todos le advertían constantemente:

—¡Eres un perezoso! No se puede estar siempre dejando todo para última hora…

—Bah, pero si no pasa nada. —respondía el pajarito.— Sólo tardo un poquito más que los demás en hacer las cosas.

Los pajarillos pasaron todo el verano volando y jugando, y cuando comenzó el otoño, empezó a sentirse el frío. Todos comenzaron los preparativos para el gran viaje a un país más cálido. Pero nuestro pajarito, siempre perezoso, lo iba dejando todo para más adelante, seguro de que le daría tiempo a preparar el viaje. Hasta que un día, cuando se levantó, ya no quedaba nadie.

Como todos los días, varios amigos habían tratado de despertarle, pero él había respondido medio dormido que ya se levantaría más tarde, y había seguido descansando durante mucho tiempo. Ese día tocaba comenzar el gran viaje, y las normas eran claras y conocidas por todos: todo debía estar preparado, porque eran miles de pájaros y no se podía esperar a nadie. Entonces el pajarillo, que no sabría hacer solo aquel larguísimo viaje, comprendió que por ser tan perezoso le tocaría pasar solo aquel largo y frío invierno.

Al principio estuvo llorando muchísimo rato, pero luego pensó que igual que había hecho las cosas muy mal, también podría hacerlas muy bien, y sin dejar tiempo a la pereza, se puso a preparar todo a conciencia para poder aguantar solito el frío del invierno.
Primero buscó ramas, piedras y hojas; luego trabajó sin descanso para llenarlo de frutas y bolitas, de forma que no le faltase comida para aguantar todo el invierno.

Encontró el lugar más protegido del frío, y allí, entre unas rocas, construyó su nuevo nido, que reforzó con barro humectado y finalmente hasta creó una pequeña piscina dentro del nido, para poder almacenar agua. Y cuando vio que el nido estaba perfectamente preparado, él mismo se entrenó para aguantar sin apenas comer ni beber agua, entrenándose a permanecer en su nido sin salir durante todo el tiempo que durasen las nevadas más severas.

Y aunque parezca increíble, todos aquellos preparativos permitieron al pajarito sobrevivir al invierno. Eso sí, tuvo que sufrir muchísimo por la soledad en que se encontraba y no dejó ni un día de arrepentirse por haber sido tan perezoso.

Así que, al llegar la primavera, cuando sus antiguos amigos regresaron de su gran viaje, todos se alegraron, sorprendidísimos de encontrar al pajarito vivo, y les parecía mentira que aquel pajarito holgazán y perezoso hubiera podido preparar aquel magnífico nido y resistir él solito. Y cuando comprobaron que ya no quedaba ni un poquitín de pereza en su pequeño cuerpo, y que se había convertido en el más previsor y trabajador de la colonia, todos estuvieron de acuerdo en encargarle la organización del gran viaje para el siguiente año.

Y todo estuvo tan bien hecho y tan bien preparado, que hasta tuvieron tiempo para inventar un despertador especial, y ya nunca más ningún pajarito, por muy perezoso que fuera, tuvo que volver a pasar solo el invierno.

Ser un lagarto flojo, significa la indolencia, el abandono, la desidia, y la pereza. Al lagarto flojo no le importa para nada los desastrosos resultados de sus actividades, ni de sus comportamientos irresponsables. Se distinguen por su cobardía temeraria, anteponen sus miedos sin fundamento y terminan espantados de las consecuencias de sus propios hechos. Finalmente acaban defraudando cualquier aspiración de sus cónyuges, de sus compañeros de trabajo o de la compañía donde se encuentren afiliados o asociados. Para su comunidad y sociedad en general, su flojera los debería calificar simplemente de parásitos sociales.

Ser un lagarto flojo, significa la indolencia, el abandono, la desidia, y la pereza.

Érase una vez, que por un extraño fenómeno, quedaron incomunicados y confinados en una pequeña isla del océano: una pareja de simios, de leones, de jirafas, de cebras, de aves, de lagartos y de cada una de las especies de la fauna silvestre de la tierra. Hasta por ahí se colaron un gallo y dos gallinas. Aquella isla no tenía suficiente agua dulce; no era sustentable para alimentar a tantos animales improductivos. Tenían miedo de reproducirse, porque eso agravaría la escasez de agua y alimentos en su isla. Y para resolver sus necesidades sexuales, prefirieron vivir revueltos en la promiscuidad. Su flojera los convirtió en cobardes, refugiados en una mezcolanza de infecundos, sumidos en la melancolía de la pereza y abandono del respeto a su morada.

Los monos, que eran los más evolucionados por sus instintos de supervivencia, convocaron a todos los animales para que opinaran, ¿cómo podrían salvarse de su inminente extinción? No fue fácil. El león pensó que no hacía falta mientras hubiera un venado o una cebra para comérsela; la jirafa igualmente caviló que por su altura nadie podía tragar en donde ella pastaba; la cebra dijo que podía remontarse en donde nadie la alcanzara; las aves arguyeron que volarían hasta encontrar  la forma de alimentarse y los lagartos siempre estaban durmiendo y por lo mismo, no se les pudo preguntar su opinión.

Pero al fin, la pareja de águilas se sumó a los simios y pudieron reunir a toda la comunidad, y cada uno de los animales fue dando su opinión:

Fueron las águilas quienes expusieron la necesidad de que alguien de los presentes saliera de la isla para explorar a donde podían trasladarse para sobrevivir.

Entonces saltó el ratón diciendo: «Pues, quién mejor que el águila? Puede volar muy alto y puede divisar hasta donde estará un continente».

Inmediatamente las gallinas protestaron: «Esa no es buena idea, porque necesitamos que alguien observe y cuide nuestros alrededores».

La mona desconfió diciendo: «Además el águila es muy rápida, perspicaz y tal vez no vuelva si en el continente hay una vida mejor», y opinó que fuera la leona la que saliera.

Inmediatamente el león se opuso y rugió porque la leona era la encargada de suministrarle la comida, y desde luego propuso a la jirafa por ser tan alta; no tenía que volar ni nadar, podría ir caminando sin ahogarse.

La jirafa no admitió y replicó, «¿Qué tal si el océano está muy hondo? Es mejor la cebra; creo que si tiene tanto brío para remontarse en la manigua, igual tendrá arrojo para nadar grandes distancias».

La cebra tampoco estuvo de acuerdo y propuso a la paloma mensajera para enviar un mensaje de paz al continente y así, alguien vendría a salvarlos.

«¡Qué fácil!» exclamó la paloma, «¿y si los animales del continente fueron los que provocaron el fenómeno por el cual estamos como estamos? Propongo al lagarto; es anfibio, vago e insensible; podrá llegar. Y si se pierde, pues ni modo.»

Nadie más se opuso a la propuesta de la paloma, y por unanimidad acordaron confiarle la misión al lagarto.

El lagarto como siempre, estaba durmiendo, ni siquiera se dio cuenta de lo que se estaba hablando, y por tanto, la flojera no le permitió poner atención de la misión que le habían conferido.

Pasaron los días, los meses y los años, pero el lagarto no se aparecía. A la sazón, sucedió una acalorada discusión, desesperada, indecisa, empantanada en bufonadas y estupideces. En aquella asamblea de animales, se desató una serie de acusaciones culpándose unos a otros. Y buscando justificaciones por haber confiado en el lagarto, mejor terminaron por hablar mal del lagarto:

—¡Se los dije! El lagarto es un falso.

—¡Lo sabía! ¡Es un hipócrita!

—¡Ustedes no entendieron! que el lagarto es muy taimado.

—¡Es un socarrón y marrullero!

—¡Yo creía que el lagarto era muy bueno!

—¿Bueno? —dijo el mono— ¿Ya se dieron cuenta que el lagarto es un bueno para nada?

Cuando, sigilosamente, aparece el lagarto, bostezando su flojera, pudo balbucear:

—Si siguen hablando mal de mí… no voy.

La moraleja es, «Si todos confiamos asumiendo la flojera, todos nos hundiremos en los desastrosos resultados de una flojera lagartona».

La metáfora de la flojera en los lagartos, tiene varias connotaciones en grupos de individuos que practican la flojera — entre parientes, compañeros de trabajo, o en agrupaciones de cualquier asociación de oficios o de negocios mercantiles.

«Si todos confiamos asumiendo la flojera, todos nos hundiremos en los desastrosos resultados de una flojera lagartona.»

Entre tales sujetos, su símbolo es la flojedad, sus atributos son la cobardía reflejada con sus miedos, sus temores y su pavor, que lo hacen legendario a modo de inercia, que puede atraer a los que estén cerca de ellos para contaminarlos de su pánico.

Su mítica es la evasiva, con su permanente actitud de negarse a enfrentar los desafíos de superación intelectual y economía patrimonial.

Y otras de las características especiales de la flojera

encharcada de esos individuos son: la superficialidad, la necedad tozuda, el oscurantismo, la pesadez, el aburrimiento y su fastidio; cuya única salida la manifiestan con payasadas, gansadas, boberías, dramáticos lloriqueos y terminan con desprecios y majaderías matadoras, culpando siempre a otros de sus desdichas.

Resumiendo, la flojera de los individuos "lagartos y lagartonas" podemos reducirla en dos calidades: la flojera de los perezosos y la flojera de los ignorantes. Si el perezoso no es ignorante, podrá más o menos sobrevivir por algún tiempo. Y por otra parte, si el ignorante no es perezoso, pues de alguna manera navegará en el pantano.

Y cuando un solo individuo tiene las dos cualidades de ser perezoso e ignorante, a la sazón ese es el tipo, con el que hay que tener mucho cuidado; sea quien sea, sólo podrá ayudársele —sin dedicarle mucho tiempo— a que encuentre el camino hacia donde sacudirse el par de lagartos que trae alojados en su mente y corazón.

Sugerencias:

La flojera no es innata (natural) del ser humano y el individuo es susceptible (capaz) de combatirla en la práctica aquí y ahora, con una actitud de nuevo tipo. La flojera no debe ser acompañante de la conducta humana. El cultivo del amor al trabajo creativo y la lucha contra la flojera, empezando por uno mismo, sería una muestra de voluntad para irse formando como un mejor ser humano.

Lo que se necesita para liberarse de la flojera y dejar de ser esclavo de ella, es ser consciente y reconocer que es un problema que se padece. Después, tener una gran voluntad de cambiar y de someterse a un proceso gradual de transformación que tendrá que ser fundamentalmente en la práctica. Aquí no se tendrá que demostrar a nadie sino a uno mismo la capacidad y la fuerza de voluntad para liberarse de algo que inhibe el crecimiento como ser humano.

El ser humano es un auténtico milagro de Dios...

El ser humano es un auténtico milagro de Dios, que posee la capacidad de ser imaginativo y creativo, que hasta parece que hace milagros, gracias fundamentalmente a su esfuerzo creador. El secreto para matar a este lagarto está dentro de cada ser humano. Así como cuando partimos una manzana por la mitad, repetidamente encontramos una estrella de cinco puntas, así de la misma forma en el interior de cada uno de nosotros llevamos la estrella del esfuerzo. Esta es la energía necesaria para alcanzar todo aquello que nos propongamos, dejando a un lado la postergación y sacudiéndonos la flojera. Sí, señores y señoras, al dejar de postergar las cosas que se tienen que hacer y aceptar el esfuerzo, mata uno al lagarto perezoso y así logramos nuestros propósitos y realizamos nuestros sueños.

8.- El Lagarto
COQUETO

La intención de este lagarto es de galantear, enamorar, rondar, conquistar, flechar, mariposear, y cortejar cuidadosamente o gustar quedar bien. Si es hembra tiende a tener afición a los adornos y modales. Este lagarto tiene aspecto agradable y cuidadoso. Enmaraña con falsas palabras lisonjeando a las hembras. Es un tipo falso que engaña. ¡Y si las mujeres se vuelan con sus relamidos piropos ya están cayendo enganchadas en sus mañas!

En ocasiones es la mujer lagartona la que se aprovecha del machismo humanitario y caritativo del hombre para enredarlo coqueteándole con sus labios muy sonrientes, mirándolo fijamente y regalando sonrisas muy amigablemente. La vestimenta de la lagartona es muy adornada y llamativa para bajarle hasta lo que no ha ganado el hombre, que es reducido a un bocado de coqueteo.

Esta variedad de lagartos coquetos es representada muy bien por "las besuconas", hembra o macho. Estas pequeñas lagartijas comen insectos de día y de noche. Se comunican dando chasquidos como si estuvieran tirándose besos entre ellas. Son capaces de adherirse por debajo de los techos, burlando la ley de gravedad.

La gente las considera inofensivas, pero no hay que

estar tan seguros porque lo mismo se tragan un mosquito que una cucaracha y hasta un alacrán. Y con esta clase de bicharracos no se puede estar confiado en ningún momento ni en ningún lugar.

Gisela es una tipa de esas muy sonrientes, que con su coqueteo anuncia y anticipa quién es su próxima víctima. Mira coquetamente a su presa. Le gusta siempre andar emperifollada, maquillada, meneando el cuerpo, de carácter muy sanguíneo.

Llegó tarde a su lugar de trabajo saludando a todo mundo de besito en la mejilla. Se dirigió a la oficina hasta detrás del sillón donde estaba Fernando, que era su jefe. Sin distinción le dio su beso y como siempre se soltó contándole sus problemas matrimoniales. Ella aprovechándose del machismo humanitario de él, mirándolo a los ojos y recogiéndose el pelo hacia la oreja le pidió un consejo y apoyo financiero insinuándole que estaba cautivada por su forma de ser. El, al dejarse llevar por la seducción, hizo una cita con ella y sacó la chequera.

En ese preciso instante entró Cristina, la esposa de Fernando. Gisela pretendió hablar sobre asuntos de la empresa y salió inmediatamente. Fernando para encubrirse, dijo que llamó a Gisela para llamarle la atención.

—Mira Gisela, delante de mi esposa te voy a llamar la atención, porque ya te he dicho muchas veces que a mí no me gustan las mujeres que no pueden enfocarse.

Pero el asunto no paró ahí. Cristina la esposa de Fernando dijo:

—No, no, no, quien va a llamar la atención soy yo a ti Fernando, porque desde este momento yo misma me haré cargo de nuestra empresa. Porque ya son varias las veces que esta "señorita" se está enfocando en otras cosas.

De la calaña de Gisela hay muchas hembras lagartonas, igualmente machos en todos los lugares, dentro de algunas familias y oficinas.

Estos lagartos coquetos que son las mujercillas y los hombrecillos "comediditos" y "salerositos" que no respetan a las (los) casadas(os), ni les importa lastimar la dignidad o desbaratar un matrimonio estable. Sin ningún respeto se lanzan a saludar y despedir al sexo opuesto con besito en la mejilla, aunque no tengan ninguna relación con la persona. Y tal vez cuando les embelesa, pues aprovechan su costumbrilla coqueta para divertirse con cierta dosis de hipocresía.

A las personas que no acceden, las consideran unas pesadas. Con su antihigiénica costumbre de saludar con un beso, no les importa la amenaza de la influenza gripal "H1N1" y cualquier tipejo de esos puede contagiar del virus, además del libidinoso contacto que pretenden negociar.

De tal suerte, estos bichos nunca son estables con sus parejas amorosas y siempre andan galanteando con sus tramposas costumbrillas.

Sugerencias:

El lagarto coqueto, para que mejore su conducta, debe aprender lo que significa respeto. El respeto es aceptar que alguien tiene valor por sí mismo. El respeto mutuo fomenta convivencia y buenas relaciones. Es un compromiso social respetarnos para convivir y vivir en sociedad. El respeto es una regla que se debe seguir. Especialmente respetar la esposa de alguien es uno de los principios que rigen las relaciones humanas. Si no hay respeto las personas se alejan de uno. Respetar es valorar la conducta de Ud. mismo y valorar a otro ser humano.

El respeto mutuo fomenta convivencia y buenas relaciones.

El respeto en relación a los cónyuges de alguien más comienza en el individuo, en el reconocimiento en saber valorar la pareja de otro. De lo contrario, al no respetar la pareja de otro, se empieza a quebrantar la convivencia social y si se quebranta la convivencia social estamos destruyendo agrupaciones y sociedades.

Dios mismo nos pone en aviso del desorden social con el décimo mandamiento: Respetar a la mujer de su prójimo. «...no codiciarás la mujer de tu prójimo...» *(Éxodo 20:17 RVR 1960)*

Si el lagarto coqueto comprende e interioriza que para vivir como sociedad, el respeto hacia el cónyuge de otro es una regla social que se debe seguir — esto fomenta sanas relaciones entre las personas.

Es importante que el lagarto coqueto se eduque en relación a lo que implica el respeto.

Reflexionemos un poco, ¿qué sería de nuestra sociedad si donde estuviésemos en cualquier agrupación alguien estuviese coqueteándole a nuestra pareja? ¿Cuáles serían los efectos? O si le faltaran el respeto a nuestra madre, ¿cómo nos afectaría? El respeto hacia la pareja de alguien más es fundamental para vivir como sociedad.

Es importante que el lagarto coqueto se eduque en relación a lo que implica el respeto. Es decir, el lagarto coqueto debe aceptar que el respeto debe ser integral y esto significa que debe darse en todos los ámbitos de su vida. De este modo, construye un marco de convivencia donde el respeto a los otros nos ayuda a construir una vida en sociedad y de confianza.

A continuación hablaremos de algunas estrategias que pueden ayudar a fomentar el respeto y a matar al lagarto coqueto.

1.- Mire a la pareja de alguien más con ojo limpio y sin morbosidad.

2.- En sus conversaciones no transmita piropos y no hable en doble sentido. Sea honesto, abierto y claro al momento de hablar.

3.- Evite pasar tiempo a solas con alguien del sexo opuesto. Por ejemplo, si busca asesoría personal en relación a su negocio o matrimonio, elija mejor a alguien del mismo sexo que Ud. Haga el propósito de no citarse a solas con alguien del otro sexo. Si un(a) compañero(a) le invita a comer o a que le acompañe, haga que venga una tercera persona. No titubee en explicarle, si hace falta, que así lo ha acordado con su cónyuge. Puede servir para dar ejemplo.

4.- No sea tonto. La mayor parte de la gente que termina teniendo un lío no quería tenerlo; la infidelidad empieza como una relación inocente que termina alcanzando una profundidad emocional que cruza la línea de la fidelidad.

5.- Aumenta su inversión en el hogar. Los matrimonios fuertes se consiguen pasando tiempo juntos, riendo juntos, jugando juntos. Si no tiene citas con su pareja, planea ya citas para los meses que vienen; pasar tiempo juntos es una prioridad.

6.- Presta atención a lo que piensa. Si todo el día está pensando en los fallos de su cónyuge, si el tiempo que dedica a pensar en él o en ella se centra en defectos y reproches, es fácil que el lagarto coqueto pueda parecerle mejor y le atraiga. Haga una lista por escrito de los puntos fuertes que inicialmente le atrajeron a su pareja. Aumenta el animar y cultivar su relación, y disminuye las críticas de su pareja.

7.- No juegue a comparar. Todos tenemos malas costumbres, manías y errores. Es muy tramposo comparar a su esposa o esposo con un nuevo conocidito, porque al recién llegado no lo estamos viendo en el mundo real, en el mundo de compartir techo, cuidar niños a las tres de la mañana, cuadrar cuentas, etc.

8.- Busque ayuda. Buscar ayuda es un signo de fortaleza, no de debilidad. Busca ayuda quien está dispuesto a presentar batalla; es un primer paso. Un terapeuta familiar cristiano, un buen consejero, etc., le dará una perspectiva serena, valiosa, para establecer nuevas estrategias para proteger o defender o reconstruir su matrimonio.

9.- No consienta pensamientos ni deseos de estar con la mujer de alguien más. Dice Jesucristo: «Pero yo digo que el que mira con pasión sexual a una mujer, ya ha cometido adulterio con ella en el corazón». *(San Mateo 5:28 NTV)*

Nuestra moral no es una moral hipócrita, que se fija sólo en lo externo; al contrario, exige una congruencia entre el acto interno de la voluntad y la acción externa.

Hoy la televisión propaga las fantasías sexuales. Es un modo de difundir la inmoralidad, pues recuerden que el ser humano es capaz de hacer según lo que se imagina. Por eso el respeto exige rechazar los pensamientos y deseos deshonestos que nos inyectan los medios.

Quien sinceramente desea evitar un acto prohibido, debe evitar también el camino que lleva a él. Se trata, naturalmente, de deseos de cosas prohibidas. Para los esposos son lícitos los deseos de todo aquello a lo que tienen derecho, como a su esposa.

 Quien sinceramente desea evitar un acto prohibido, debe evitar también el camino que lleva a él.

Es claro que para que haya pecado en este mandamiento, como en cualquier otro, es necesario desear o recrearse voluntariamente en lo que está prohibido hacer. Quien tiene malos pensamientos, imaginaciones o deseos contra su voluntad, no peca. Sentir no es consentir. El sentir no depende muchas veces de nosotros; el consentir, siempre depende de nosotros. La falta de respeto está en el consentir, anidar y cultivar las malas intenciones, y no en el sentir.

No crea que peca si se le asoma un mal pensamiento porque haya durado más o menos un minuto. Puede ocurrir que se le presente a la imaginación algo sin querer. Puede un pensamiento molestarle durante algo de tiempo, incluso durante días. Por muchas vueltas que le dé un mosquito, mientras Ud. no le deje, no le pica. Si Ud. no consiente y no acepta el mal pensamiento, y hace todo lo posible por rechazarlo, no sólo no peca, sino que cultiva las relaciones sociales.

10.- Para matar al lagarto coqueto hay que vencer los malos pensamientos que importunan. Lo mejor es despreciarlos y distraerse con otra cosa. Muchas veces circunstancias exteriores, como las malas conversaciones, la pornografía, las diversiones y espectáculos deshonestos y la televisión, suscitan pensamientos o deseos de cosas impuras. En estos casos el primer recurso es huir de aquellas circunstancias. Quien voluntariamente se pone, sin causa justa, en circunstancias que constituyen grave peligro y ocasión de consentir pensamientos o deseos malos, comete pecado grave. Es por esa razón que hay que evitar todo contacto visual con imágenes que pueden causarle la tentación.

11.- Ponga el televisor y su computador en un lugar de la casa donde todos puedan ver qué es lo que está viendo. Ésta es una clave muy buena para evitar caer en deseos desordenados, puesto que entre más en intimidad esté, mas fácil será que caiga. Si su computador está en su cuarto y sólo Ud. tiene acceso a él y está atado a la pornografía, le recomiendo que, por su bien espiritual, saque el computador de ahí y lo ponga en la sala de su casa.

12.- Recurra a Dios, búscalo en oración, pues no hay mejor forma que vencer estas ataduras que orando; crea un hábito diario de oración. También aliméntese de la Palabra de Dios; pero no sólo lea la Biblia por leerla; medítela, pídale a Dios que le haga comprender las verdades que en ella están escritas.

Para matar al lagarto coqueto hay que vencer los malos pensamientos que importunan.

13.- Mujeres, no se vistan escotadas o muy cortas de vestidos o faldas. No hay necesidad de excitar al sexo opuesto. Si les falta añadir más ropa a su vestuario, háganlo para que no les dé un resfriado. Revisa cuál es su intención al ponerse esa blusa ajustada o esa minifalda para ir a una agrupación. O cuando recorra con la mirada al sexo opuesto y le cuente sus problemas de matrimonio, debe preguntarse: «¿Por qué lo hago?». Puede ser que el motivo sea el satisfacer un deseo sexual que no surge dentro del matrimonio o que mira exclusivamente el aspecto físico-erótico. En ese caso debe tener mucho cuidado y dar marcha atrás.

9.- El Lagarto
MENTIROSO

Engañar, embaucar, chantajear, burlar, dar gato por liebre, aparentar, exagerar, simular, fingir, disfrazar, disimular, ocultar, tapar, enredar y confundir es lo que hace el lagarto mentiroso. Una mentira es una declaración falsa, realizada por alguien que espera que los oyentes le crean, ocultando siempre la realidad en forma parcial o total. Una cierta oración puede ser una mentira, si el interlocutor piensa que es falsa o que oculta parcialmente la verdad.

En función de la definición, una mentira puede ser una falsedad genuina o una verdad selectiva, exagerar una verdad o incluso la verdad, si la intención es engañar o causar una acción en contra de los intereses del oyente. A las personas que dicen una mentira, especialmente a aquellas que las dicen frecuentemente, se les califica de mentirosas. Mentir implica un engaño intencionado y consciente. Estudios demuestran que el ser humano tarda más mintiendo que diciendo la verdad.

También es mentira el acto de la simulación o el fingir. Por ejemplo: si alguien atropella a una persona y huye del lugar sin ser identificado y, después de un tiempo, regresa y se mezcla con los curiosos y finge indignación por lo ocurrido, está mintiendo a todos aquellos ante quienes simula o finge inocencia. En otras palabras, para mentir no se necesita decir palabra alguna.

Otra forma de mentira no verbal la constituye el hecho de hacerse pasar por víctima. Por ejemplo, hacerse pasar por discapacitado físico con el fin de obtener algún "favor" en provecho propio (limosnas, por ejemplo). Esta conducta es típica generalmente en personas extremadamente perezosas que no les gusta trabajar.

Mentir está en contra de los valores morales de muchas personas y está específicamente prohibido como pecado en muchas religiones. La tradición ética y los filósofos están divididos sobre si se puede permitir a veces una mentira (pero generalmente se posicionan en contra): Platón decía que sí, mientras que Aristóteles, San Agustín y Kant decían que nunca se puede mentir.

...el camino correcto es desechar toda mentira y siempre hablar la verdad.

Dios dice, «No hablarás contra tu prójimo falso testimonio.» *(Éxodo 20:16 RVR 1960)* «Por lo cual, desechando la mentira, hablad verdad cada uno con su prójimo; porque somos miembros los unos de los otros.» *(Efesios 4:25 RVR 1960)* Es decir que el camino correcto es desechar toda mentira y siempre hablar la verdad.

En función de las circunstancias, algunos opinan que mentir para proteger a personas de un opresor inmoral suele ser permisible. Es el caso, por ejemplo, de las víctimas de una guerra. Otros mantienen la convicción de que no es permisible, como Nollie ten Boom en Holanda, quien albergó a judíos para protegerlos de los nazis. Cuando vinieron los soldados y le preguntaron que si tenía judíos, Nollie contestó con la verdad. Toda su casa y los que albergaba fueron arrestados, pero luego fueron puestos en libertad.

Un lagarto mentiroso es una persona que tiene cierta tendencia a decir mentiras con el propósito de tomar ventaja.

Mentir de una forma que intensifica un conflicto, en vez de disminuirlo, generalmente se considera el peor pecado. Un lagarto mentiroso es una persona que tiene cierta tendencia a decir mentiras con el propósito de tomar ventaja. La tolerancia de la gente con quien padece de este lagarto habitualmente es muy pequeña, y a menudo sólo se necesita que se sorprenda a alguien en una mentira para que se le asigne la etiqueta de lagarto mentiroso y se le pierda para siempre la confianza.

Una mentira graciosa, más comúnmente como una broma o engaño con propósito humorístico, será cuando la falsedad se entiende; no se considera inmoral y es una práctica utilizada ampliamente por comediantes y humoristas.

Un lagarto mentiroso se diferencia de una persona que dice la verdad, en el hecho de que el lagarto mentiroso, quiere esconder la verdad, mientras que el otro la quiere revelar. Un lagarto mentiroso tiene siempre en cuenta la verdad, para que al menos no se le vaya a escapar por accidente. Sin embargo, una persona honesta se muestra firme ante la verdad. Se interesa de que todo lo que dice, sea verdad.

Tipos de mentiras

Pese a que las mentiras estén mal vistas, se ve como algo normal considerar que hay algunas mentiras peores que otras.

San Agustín distingue ocho tipos de mentiras: las mentiras en la enseñanza religiosa; las mentiras que hacen daño y no ayudan a nadie; las que hacen daño y sí ayudan a alguien; las mentiras que surgen por el mero placer de mentir; las mentiras dichas para complacer a los demás en un discurso; las mentiras que no hacen daño y ayudan a alguien; las mentiras que no hacen daño y pueden salvar la vida de alguien, y las mentiras que no hacen daño y protegen la "pureza" de alguien. Por otra parte, San Agustín aclara que las "mentirillas" no son en realidad mentiras.

Tomás de Aquino, por su parte, distingue tres tipos de mentiras: la útil, la humorística y la maliciosa. Según Tomás de Aquino, los tres tipos de mentira son pecados. Las mentiras útiles y humorísticas son pecados veniales, mientras que la mentira maliciosa es pecado mortal.

El tipo más grave de mentira es la calumnia, ya que con esto se imputa siempre a algún inocente una falta no cometida en provecho malicioso.

El lagarto mentiroso miente y engaña a la gente a través de las expresiones faciales, tono de voz y actitud.

El tipo más grave de mentira es la calumnia...

Llevados por la inseguridad y desconfianza, el lagarto mentiroso, en su capacidad de ser aceptado tal como es, cae en la tentación de adornar aquí y allá mintiendo de forma favorable que causa una buena impresión en las demás personas. Una madre o un padre pueden presumir que su hijo o hija tiene las mejores notas y aprueba cursos, con el fin de que aparezca como una madre exitosa con un hijo según bien educado.

Mentir es un recurso fácil de obtener sin tener que pasar por esfuerzos ni privaciones, aunque el riesgo que se corre es la posibilidad de ser descubierto. Al lagarto mentiroso le sucede algo similar al lanzar rumores falsos para reducir la imagen de la persona que envidia: puede ser descubierto y la conducta lagarto puede ir en su contra, desprestigiándolo frente a los que quería influir.

La persona sincera no tiene que vigilar la versión que da de sus anécdotas y los episodios vividos, porque los transcribe al dictado de su memoria. En cambio, el lagarto mentiroso debe controlar qué versión da de su historia, para que resulte coherente con la escuchada por cada persona ante la que ha presumido.

Cuanto más se cae el lagarto mentiroso en la tentación de mentir, más difícil es controlar la abundante base de datos de las versiones dadas y más imposible resulta comentar, repetir o seguir coherentemente lo contado, porque cuando los detalles rechinan pues nada es coherente y de pronto la verdad se empieza a asomar.

El hábito de mentir se puede transformar en un trastorno de la personalidad, que podríamos llamar, es una compulsión a imaginar una vida, unos acontecimientos y una historia en base a causar una impresión de admiración en las personas.

Este afán por impresionar está basado en la imperiosa necesidad de mentir ya que al hacerlo así, para el lagarto mentiroso le es difícil conseguir su propósito, pues duda de sus aptitudes para poder conseguirlo.

El lagarto mentiroso es fantasioso y coge el atajo de robar atención al precio de la vía del fácil engaño (las palabras son cómodos sustitutos de los hechos) en vez de hacerlo por su "ser" sincero, tal vez mucho más modesto de lo que su ambición soporta.

No se conforma con ser una persona cualquiera —tal vez se vería a sí misma con excesivo desarraigo—, sino que desea ser siempre una personalidad de primera magnitud, de esas que los demás admiramos, embelesamos y envidiamos.

El lagarto mentiroso miente sobre lo que tiene y no tiene. Se puede imaginar que es rico para captar la atención de las personas. Siente gusto por sus fantasías y que puede convertirse en deleitoso manjar para satisfacer necesidades, sin saber que esta forma engañosa nunca realmente será completa, pero que a base de engaño tras engaño, fantasía tras fantasía lo hace sentir el sueño tan real que casi lo puede creer.

Lo que al lagarto mentiroso le gusta hacer, lo que en ensueños se promete, lo que según sus cálculos inflados seguramente le permitirá, puede hacerle correr tanto en el tiempo que disfruta precipitadamente de lo que todavía no es, y ello lo prepara para el naufragio de sus ilusiones durante el transcurso despiadado de su vida. Este tropiezo no le sucede a quien su mirada es honesta sino a aquel que fantasea con alucinaciones especulativas.

El problema del lagarto mentiroso, es que para mentir tanto y que no se note, ha de hacer lo mismo que un actor que representa un personaje y quiere resultar creíble: esforzarse tanto, como si fuera esa persona inventada, que realmente se confunda, y se olvida de quién es realmente.

El personaje (imagen) inventado del lagarto mentiroso, suplanta su verdadero ser (el yo interno), con lo que su personalidad se instala en una base inauténtica muy peligrosa, porque los halagos, impresiones y valoraciones que reciba de los demás con sus tretas, en realidad nunca los podrá saborear, porque sabe que no están dirigidos a su ser o al yo auténtico, sino al falso, con lo cual no logra sentir lo que le gustaría sentir; sus dobles vínculos impiden que los placeres le lleguen.

El lagarto mentiroso miente sobre lo que tiene y no tiene.

Como la sed de mérito nunca se sacia por este procedimiento, cada vez está la persona más descarriada e insatisfecha y más encuentra motivos para curarse con la medicina que le agrava, la mentira.

Lo que debe curarse el lagarto mentiroso, es su misteriosa actitud de mentir y su progresivo cansancio que le produce esa forma de ser. Su afán de caer bien produce el efecto contrario de que los demás se decepcionen, se sientan despreciados y se disgusten, generando una profunda desconfianza muy difícil de superar (piénsese por ejemplo lo difícil que es olvidar que su pareja le ha engañado, o le miente sistemáticamente).

Sugerencias:

La cura del lagarto mentiroso, es sustituir la mentira por el esfuerzo a decir la verdad. Reconociendo su necesidad de brillo y atracción, dedicarse con firmeza a mejorar sus méritos verdaderos (profesionales, de cultura, relaciones interesantes, etc.) con suficiente persistencia, porque si ha caído en la mentira es por impaciencia e inseguridad. De su firmeza a mejorar, tendrá que garantizarlo con pruebas evidentes de su cambio.

No hay cosa más bella en la vida que esforzarse con honestidad y de hablar con la verdad.

Jugar limpio, ser naturales, es el mejor camino para ser aceptados por los demás. Lo primero es que nos acepten aun siendo humildes y quizás con limitaciones o falta de aptitudes.

Una vez conseguida esta aceptación básica, entonces se puede intentar el asalto al mérito, que ya no será un mérito agresivo (de esos que aunque la persona valga mucho nos da igual porque nos cae antipática), sino un afán de darnos más, de buscar una mayor cualidad, de jugar más fuerte, una activa entrega para participar, colaborar, sugerir y animar la vida familiar, los equipos de trabajo, los grupos de amigos o la excelencia profesional.

No hay cosa más bella en la vida que esforzarse con honestidad y de hablar con la verdad.

10.- El Lagarto
CORRUPTO

El corrupto abusa del poder para beneficio personal. De la misma forma, tiende a alterar las cosas para su beneficio. En términos generales, podríamos decir que el lagarto corrupto usa sus recursos para poder conseguir una ventaja ilegítima, generalmente secreta y privada. El lagarto corrupto da mal uso o abusa de su influencia para beneficio personal y privado. Este tipo de lagarto no sólo se da en los funcionarios públicos o en puestos como jefes ejecutivos de una corporación o gerentes.

Este lagarto también existe en un conjunto de actitudes y actividades mediante las cuales una persona común tiene acuerdos escondidos y utiliza "privilegios otorgados", con el objetivo de obtener un beneficio ajeno al bien común.

Por lo general, cuando se habla del lagarto corrupto, se apunta a los gobernantes, los funcionarios elegidos, jefes ejecutivos o gerentes nombrados o líderes. Hay que entender que este fenómeno también se da en la gente común que no tiene alguna posición y que se dedica a aprovecharse de los recursos que una compañía o estado tenga.

El lagarto corrupto viene de diferentes formas. Los lagartos corruptos más comunes, son los que usan información para manipular y conseguir un objetivo. Otros son los que se apoyan en el fraude, el compadrazgo, el proteccionismo y el nepotismo, etcétera.

Es de mucha importancia observar el hecho, de que las monarquías ya casi no existen y que el poder no lo tiene el rey, y que a la vez las dictaduras están desapareciendo. Puede decirse que la gran diferencia entre el ejercicio del poder por el Antiguo Régimen y el mundo democrático, es que en el Antiguo Régimen ese ejercicio era marcadamente centralista y se prestaba para anidar una serie de lagartos corruptos.

Sin embargo, en los países democráticos, donde se ejerce la libertad de empresa, la responsabilidad de buena conducta recae en el pueblo o en la gente común. Es decir que esta responsabilidad de buen comportamiento, recae en un más alto porcentaje de los individuos o empleados y sólo un 3% en el líder, gerente o jefe corporativo. Por lo tanto, el hecho de que todos tengamos la libertad de emprender y luchar por algo, eso nos obliga a respetar las reglas del juego para prevenir que esa libertad que se nos ha otorgado, no se convierta en libertinaje.

Aun así, en esta libertad y descentralización de decisiones, es donde el lagarto corrupto empieza a anidarse para encontrar un atajo para no poner esfuerzo y sin importarle a quien afecta, busca la manera de corromper a otros.

El hecho de que el poder de elegir a los gobernantes

lo tiene el mismo individuo o el pueblo, nos hace responsables de nuestra conducta. Por lo tanto el ejercicio de responder éticamente a las reglas, leyes o normas, es una obligación para poder formar un tejido social. Aun así el manipuleo ilegal de un individuo en cualquier oficio público o no público se da. En el fondo parece que el individuo quiere portarse más mal que bien. Lo que permite frenar el aspecto corrupto de un individuo, es el desarrollo de sus valores y su moralidad, para buscar la eficiencia de una sociedad.

El nivel de corrupción en el individuo tiene mucho que ver con la manera en la que se comporta el sector privado en sus relaciones con el sector público.

La corrupción es una realidad en la vida de cada uno. Hasta dónde uno la renuncia en su vida, eso define su nivel de madurez y de conciencia moral. Por esta misma razón, la corrupción no es sólo responsabilidad del sector oficial, del Estado o del Gobierno, sino que incluye muy especialmente al sector privado, o de la sociedad en común cuyo caso se puede hablar de corrupción empresarial o de tráfico de influencias entre el sector privado y el público. El nivel de corrupción en el individuo tiene mucho que ver con la manera en la que se comporta el sector privado en sus relaciones con el sector público.

Efectos de la corrupción:

La corrupción hace peligrar seriamente el desarrollo de un individuo, empresa, país, y principalmente a la familia. La corrupción atranca la seriedad, el profesionalismo, el respeto y la calidad de servicio. Además, le abre las puertas a la desconfianza, convirtiendo al lagarto corrupto en irresponsable y a la vez distorsiona la representatividad. En los negocios (multinivel) el lagarto corrupto pone en duda su liderazgo. De un modo más general, el lagarto corrupto deteriora la capacidad de la empresa que representa, ya que las personas desprecian el ambiente y los procedimientos, pues la conducta corrupta carcome la legitimidad del individuo. El lagarto corrupto aleja a la gente por su falta de valores y confiabilidad.

Efectos económicos:

El Lagarto corrupto mina, desgasta, debilita, agota, destruye, arruina, desmejora, marchita, enflaquece, y mortifica el desarrollo económico, tanto en lo empresarial como en lo familiar, ya que genera ineficiencia y distorsiones considerables. En el sector privado (multinivel), la corrupción incrementa el costo de los negocios y actividades empresariales ya que a éste, hay que sumar el precio de los propios desembolsos ilícitos, el costo del manejo de las negociaciones con los cargos ilegítimos y el riesgo de incumplimiento de los acuerdos (en otras palabras quedarse con el dinero de alguien más y no cuadrar las ordenes fijas). La irresponsabilidad del lagarto corrupto induce a inventar cosas o cuentos para encubrir su comportamiento. Es precisamente el lagarto corrupto el que infla el costo de los negocios; también distorsiona el terreno de juego, blindando las relaciones frente a nuevos prospectos, sustentando en consecuencia, un liderazgo ineficiente.

El lagarto corrupto genera distorsiones al desviarse en los proyectos o en los propósitos de un equipo. El lagarto corrupto puede incrementar la complejidad de los proyectos para ocultar el distorsionamiento.

Uno de los factores que está detrás de las diferencias de desarrollo económico entre México y Asia, es que en México, la corrupción ha tomado primariamente la forma de expolio, (en inglés: "plundering") con el resultado de que el capital financiero obtenido es movido fuera del país, en lugar de ser invertido en el mismo, provocando inestabilidad financiera. Esto anima a los cargos públicos y capitalistas a esconder su riqueza fuera del país, lejos del alcance de posibles auditorías futuras.

Sugerencias:

Lo que le ayudaría al lagarto corrupto para mejorar su conducta, es tener un ideal de servir y que conduzca ese ideal con transparencia, claridad, lucidez y pureza. Sí, señor lagarto corrupto, antes del beneficio personal e ilegítimo, primero está la parte humana y pensar en bien de otros, y no el de uno mismo.

11.- El Lagarto
MANIPULADOR

Manipular es engañar, mentir, exagerar, inventar, aparentar, simular, fingir, alterar y ocultar. El lagarto manipulador intenta manipular a uno cuando le sugiere o dice lo que uno tiene que hacer, de tal forma que él se beneficie más de uno. Una señal de que uno está siendo manipulado, es que sienta que está haciendo algo contra su voluntad, sus principios, sus valores o sus metas. Si es así, si alguien le está manipulando, se está aprovechando de uno.

La cuestión es especialmente preocupante cuando siente miedo, culpa o vergüenza. Pero ten cuidado: Ud. podría estar manipulándose solo.

A lo largo de la vida nos encontramos con multitud de problemas. Algunos podemos resolverlos por nosotros mismos, pero otros no pueden afrontarse sin ayuda de otras personas. Conseguirla es, en muchas ocasiones, difícil. Aunque todos estamos más o menos dispuestos a echar una mano a una persona que tiene problemas, tenemos una disponibilidad limitada.

Suele darse una dificultad adicional, cuando quien se encuentra en el aprieto, está convencido o quiere manipular de que las cosas "deberían" ser como él piensa y los demás "deberían" forzosamente ayudarle a resolver el asunto.

Para que haya manipulación, es necesaria una relación asimétrica (desigual) entre al menos, dos personas. Es asimétrica porque una predominantemente da, y la otra predominantemente quita, uno gana y el otro pierde. Aunque el lagarto manipulador puede ser siempre el mismo, no es extraño que el proceso sea cíclico, de tal forma que los papeles se alternen entre los dos integrantes de la relación.

Las tácticas que se emplean son asombrosamente simples, tanto, que se pueden resumir en sólo tres estrategias generales: amenazar, criticar o dejar de hablar. El lagarto manipulador sabe y es muy eficaz en crear miedo y culpa. Son capaces de moverle los sentimientos que hasta culpable le hacen sentir para conseguir su propósito.

El lagarto manipulador sabe y es muy eficaz en crear miedo y culpa.

Suele ser difícil darse cuenta de que uno está siendo sometido a manipulación. Pues se siente uno culpable o incómodo. Empieza uno a sentir extrañas molestias emocionales o físicas o incluso ataques de pánico, pero tal vez uno no descubra que esas inconformidades están relacionadas con que está renunciando a sus valores, principios y objetivos para satisfacer los de otra persona de su entorno.

Un buen truco para detectar la manipulación y saber

quién le manipula a uno, es analizar lo que siente cuando está con esa otra persona. ¿Tendencia en agradarle? ¿Temor de su enojo? ¿Baja autoestima? ¿Inseguridad? ¿Miedo a equivocarse? ¿Pensar que es un imbécil o un inútil? ¿Intenso afecto inmotivado? Una relación normal no debe producirle emociones negativas. Sin embargo, si uno siente sentimientos demasiado positivos con alguien a quien acaba de conocer y se pones a su disposición, está expuesto a manipular o a ser manipulado por las emociones positivas.

El lagarto manipulador influye a una persona o interviene en un asunto de forma maliciosa y poco honesta para conseguir un fin determinado.

También uno puede analizar lo que uno hace. ¿Es eso lo que querría hacer en ese momento? Si le pagan por ello, tiene una justificación. Pero este no suele ser el caso en los lagartos manipuladores, ya que si estuviesen dispuestos a gastarse el dinero que cuestan los servicios de uno no necesitarían aprovecharse de uno. ¿Es eso contrario a sus valores, principios o expectativas? Nadie hace algo contra sí mismo si no está muy presionado por alguien. Si es así, ¿a quién beneficia? Ese es el lagarto manipulador. Ese es quien mueve sus hilos en la sombra como un titiritero.

El lagarto manipulador influye a una persona o interviene en un asunto de forma maliciosa y poco honesta para conseguir un fin determinado. Controla la conducta de una persona, impidiendo que actúe con libertad. Hace cambios en una cosa para obtener provecho de ella e influye en las opiniones y acciones de una persona o grupo. Crea problemas, para después ofrecer soluciones según sus intereses.

La manipulación mental o control mental se produce cuando un individuo o grupo de individuos ejerce control de comportamiento de una persona o de un grupo, utilizando técnicas de persuasión o de sugestión mental, en busca de eliminar las capacidades críticas o de autocrítica de la persona, esto es, su capacidad de juzgar o rehusar informaciones u órdenes. El lagarto manipulador usa tácticas capaces de subvertir el control de un individuo sobre su propio pensamiento, comportamiento, emociones o decisiones. Los métodos por los cuales puede obtenerse tal control (sea directa o sutilmente) permite muchas veces lograr sus objetivos.

Ciertas formas de manipulación podrían ser altruistas (generosas), pero la noción de manipulación mental tiene, por lo general, una connotación negativa que evoca a los lagartos manipuladores a ser de comportamiento egoísta. El manipulador puede aparecer como simpático o no, incluso como una víctima. Parece que cada uno es más o menos manipulador en el curso de su vida. Formas extremas de manipulación serían, por ejemplo, el lavado de cerebro o aquellas conducentes a hacerle creer algo a alguien para que renuncie a sus metas.

De acuerdo a estas definiciones, se pueden distinguir diferentes tipos de manipuladores: aquellos que utilizan a otros sin remordimientos, con un objetivo de poder y estilo narcisista, o buscar la ruina de su competidor mediante la estafa comercial. Estas figuras pueden apoyarse en la mentira, en la seducción, en la presión por la amenaza o la fuerza, o incluso desestabilizando a su víctima por la doble coacción. La manipulación psíquica puede ser una de las herramientas de ciertas formas de tortura.

Sugerencias:

No es necesario manipular para influenciar; también se puede influenciar con integridad y honestidad, especialmente en las relaciones familiares o comerciales. Es decir, no a expensas de otro hay que manipular para influenciar. Si la intención es buena, se puede influenciar con transparencia y honestidad para mejorar las relaciones sociales e interpersonales. En el fondo los seres humanos somos buenos pero lamentablemente también existe lo malo. Y es precisamente ahí donde se anida el lagarto manipulador. Si cultivamos nuestros valores, nuestros principios y nuestra ética moral, y a la vez aceptamos que estamos para servir a otros y no para servirnos de otros, entonces la calidad humana mejora y podemos influenciar con integridad y honestidad. Señoras y señores, son nuestros valores y nuestra actitud de servir lo que nos permite matar al lagarto manipulador para no tomar ventaja de nadie. ¿Cómo puedo servir? y no, ¿cómo puedo servirme de otros? Es precisamente en esa actitud (modo de pensar) que podemos acabar con el lagarto manipulador.

12.- El Lagarto
SENSIBLE

Es aquel individuo que es enojoso, sentimental, alterable, emotivo, blando, delicado, susceptible, doloroso, y lastimoso; que se lamenta y se queja porque se siente lastimado por cualquier cosa, pues es demasiado sensible a los comentarios o acciones de otros. El lagarto sensible muestra y expresa fácilmente tristeza y dolor. Fácilmente se hiere por lo que escucha. Es tan sensible que no se le puede decir nada, y tan frágil como el cristal; tiene que ser tratado con mucha delicadeza o de lo contrario se rompe.

El lagarto sensible es un ser voluble, cambiante, que hoy dice algo y luego cambia de parecer, sólo porque alguien dice o hace algo que altera sus sentimientos. Este lagarto sufre de agotamiento o exacción por el sentimiento doloroso que lo controla. Las sensaciones de este lagarto son reacciones detonativas o hasta explosivas donde el lagarto dramático les hace segunda.

Quien padezca de este lagarto se siente solo, incomprendido. Es vulnerable y hasta frágil. Muchas veces se siente traicionado y se decepciona o se siente desilusionado por su pareja, amigos o su familia, precisamente porque es así. Este tipo de lagarto espera que la gente le lea la mente, los gestos y hasta las emociones, y se molesta porque las otras personas no están conscientes del supuesto daño que pueden hacerle determinadas actitudes o comentarios. Casi se vuelve loco por lo sensible que es y porque se toma todo muy a pecho.

Quien posee este lagarto, llora muy fácilmente y tiende a criticar ubicándose como víctima. Es inconstante e inseguro en sus decisiones. A la vez, quien posee este lagarto, es una persona que no tiene una forma de ser y una forma de pensar estable, y cambia según las circunstancias y su estado de ánimo. Yo diría que es una persona que está en proceso de maduración, pues cambia de parecer constantemente y carece de responsabilidad, pues no le interesa encontrarle lo lógico a las cosas.

El lagarto sensible encadena el alma de un individuo.

Es una persona que no tiene una estabilidad en su carácter, es decir, que cambia fácilmente su estado de ánimo (de triste a alegre, etc.). Le es más fácil hacerse la victima que informarse y profundizar organizadamente en sus pensamientos, en un orden lógico de las cosas. En otras palabras, quien posee este lagarto, previamente de formular sus propios criterios y hacerse la víctima, primero debe informarse y pedir una explicación antes de hacer su berrinche.

El lagarto sensible encadena el alma de un individuo. Encarcela su estado de ánimo. Lo atrapa muchas veces en suposiciones. Su actitud o su modo de pensar, él mismo se lo inventa, a tal grado que él mismo se atrapa en sus emociones. Le hace más caso a sus emociones que a sus objetivos. Si va a la playa a disfrutar de las olas y de la familia, se queja hasta del sol. Cualquier cosita por muy mínima que sea, le puede lastimar un montón. Cree que una sonrisa es un contrato de por vida y si ya no le sonríen se molesta. Cree que los regalos son promesas eternas y si a uno se le olvidó regalarle algo, se molesta. No acepta errores de nadie. Sólo basta un pequeño problema, una diferencia, para que se sienta mal. Es capaz de percibir sensaciones que quizás no existan. Tiene ojos de lupa y oídos con sensor capaces de percibir sensaciones u ondas radiales como un Radar del Pentágono.

Quizás esto suene exagerado, sin embargo, así de extremosas son las emociones del lagarto sensible. Muchas veces cree que alguien lo engañó, le mintió, le exageró, lo miró mal o no le sonrió, o quizás no le saludó, y todo eso le provoca percibir sensaciones que altera su corazón de cristal y se molesta o se enoja o más bien dicho se emberrincha. ¡Waaaooo!

El lagarto sensible se hiere a sí mismo con facilidad. Es como si él mismo trajera un cuchillo o puñal y él mismo se lo encaja lentamente expresando o gritando que tanto le duele. Las palabras o actitudes de otros, él mismo se las encaja y después se queja que le duele mucho lo que se dijo o se hizo. En su soledad él mismo se habla preguntándose ¿por qué no me quieren?

¿Por qué no me aceptan? ¿Por qué no me saludan o me miran? O ¿por qué me miran o me saludan o me aceptan? ¡Waaaooo! ¿Quién los entiende? ¡Hasta culpable le hacen sentir a uno!

El corazón del lagarto sensible es un carburador de emociones. Constantemente enjuicia lo que está bien y lo que está mal. Es un juez con mucho dolor, que generalmente se pierde en su juicio, pues en vez de formular una solución es parte del problema que quizás no existe y sólo él o ella se esté inventando.

Si no le gusta algo, reacciona iracundo y no mide su reacción. Este lagarto debería traer un termómetro con sensor capaz de equilibrar la alteración de sus emociones. Si hace sol, se queja porque hace sol, si está nublado porque está nublado, si hace frío porque hace frío y si hace calor porque hace calor. Este lagarto experimenta muchas emociones todos los días y con ninguna de ellas está conforme.

¿Cómo puede un individuo evitar que este tipo de lagarto se anide en su corazón? Pensemos en un jardín. Si el jardín es hermoso, es porque el jardinero se tomó el tiempo de ablandar la tierra primero y remover la hierba mala o hasta la plaga, eliminando los hongos, insectos y los bichos que habitan en ese ambiente que aprovechan para cortar las hojas tiernas. Después de que la tierra está preparada, el jardinero mismo decide qué flores o qué plantas quiere en su jardín. A la vez está al pendiente de la hierba mala que puede emerger en su jardín y sabe que en cuanto esa hierba se asome hay que deshacerse de ella; de lo contrario, el jardín se arruinará. Aparte de la hierba mala están los bichos que quieren anidarse y hay que estar a la vanguardia.

Aun así, cuando las primeras flores empiezan a brotar y a embellecer el jardín, hay que cuidar de ellas. Hay que regar las plantas para que las flores estén frescas y hay que nutrirlas para que las flores no estén pálidas y desprendan un grato olor. Cada mañana el jardinero se enorgullece de cuidar de sus flores y de escoger qué tipo de semilla nueva va a permitir germinar. Espera al sol con ansias para que esplendorosamente ilumine y embellezca el jardín.

El jardinero sabe que en los primeros rayos del sol va a reinar una armonía que se puede oler, palpar, respirar; donde el cantar de los pájaros se va a escuchar. El jardinero se toma el tiempo para dialogar con las plantas y caminar por el jardín, rodeado de caminos bellamente trazados por entre las plantas y las flores. En los lugares más apartados del jardín el jardinero hace cómodos bancos que sirven de reposo y lugar de meditación. Se percibe un silencio muy especial en el que se escucha algo infijo: tal vez una melodía, o un silencio lleno de vibraciones calmantes, relajantes. En otras palabras, dan ganas de estar ahí.

Un jardinero estudia y lee todo sobre las plantas y las flores para conocerlas más y poder ayudarlas a florecer más hermosas. Es precisamente en la calidad de jardín donde se revela el conocimiento del jardinero. O mejor dicho, el trabajo que el jardinero hace en su mente se refleja en el jardín. Si el jardinero no cultiva su mente en cómo laborar sus matas, pues no sabrá cultivar su jardín; no puede darle orden o cuidar de él.

El jardinero consciente sabe que tiene que arrancar esas malas hierbas que crecen por todos lados.

Una vez que el jardinero comienza a trabajar la tierra y cultivar el jardín, debe dedicarle buenas horas del día, pues ocurre que la tierra se vuelve fértil y todo, incluso las malezas, pueden prosperar más rápidamente que la buena semilla. Por lo tanto hay que estar a la vanguardia.

El jardinero consciente sabe que tiene que arrancar esas malas hierbas que crecen por todos lados. El jardinero debe aprender a defender su jardín de los hierbajos y de las plagas. Cuando la mala yerba nace, es pequeña y poco preocupante, pero si las deja crecer, pronto esta cizaña tapará y sofocará las más bellas flores del jardín; hay que arrancarla desde la raíz porque es muy peligrosa. La hierba mala arruina a muchos jardines, y más cuando el jardinero no sabe identificarla.

Sugerencias:

Así como el jardinero cuida de su jardín, cultivándolo y nutriéndolo, de la misma forma el individuo necesita alimentar y atender su mente y su corazón continuamente. El individuo no debe olvidar el cultivo de sus pensamientos. Debe reforzarlos tratándolos como un jardín, intentando que florezca y sobreviva a las diferentes adversidades que la vida conlleva.

El ejemplo del jardín suele adaptarse bastante bien a las circunstancias del lagarto sensible, ya que las relaciones que hay entre "jardinero y jardín" son muy similares a las del individuo con su mente y su corazón, que igualmente necesitan del cuidado y las atenciones que el jardinero da a su jardín. Es decir, del mismo modo que el jardinero se preocupa de no agobiar con exceso de pesticidas a una planta, uno mismo debe estar al pendiente de no ahogar una relación o amistad con exceso de sentimentalismos. Por lo tanto, debemos ser conscientes de hasta dónde podemos llegar con nuestras emociones.

Así como las flores decoran un jardín, del mismo modo la buena actitud (modo de pensar) adorna a un individuo. Uno mismo es el jardinero de su propio jardín. Ud. mismo es quien escoge las plantas de su jardín; Ud. mismo debe cultivar su mente y sus emociones, pues de allí saldrán las hermosas flores, es decir, los buenos pensamientos. Nadie debe dirigir el cultivo de la tierra ajena, porque sí no puede cultivar los pensamientos de otros o las actitudes de otros. Sin embargo, si alguien dice o hace algo, está en su poder permitir que ese comentario o suceso se cultive en su mente o corazón. Así como el jardinero cuida de su jardín de la hierba mala, Ud. también cuida de las actitudes de otros, que no dañen su forma de pensar y de sentir. Si alguien dice o hace algo, sólo agarra lo bueno. Lo demás déjalo ir. No trate de sembrar lo malo en su mente o corazón; puede ser lastimoso.

Una mala hierba que arruina a muchísimos jardines, se llama orgullo.

Hay que estar atentos, alertas, vigilantes para seleccionar las actitudes que plantamos en nuestro jardín, en nuestra mente; pues el corazón es muy fértil y cualquier semilla mala, ya sea que la traiga el viento o la arroje algún mal intencionado, cualquier semilla, le repito, crecerá fuerte y frondosa y por eso hay que vigilar.

Así que uno mismo debe plantar su propio jardín y cultivar su propia mente, en lugar de esperar a que alguien le traiga flores o le cultive la mente, pues no se sabe si lo que pueden sembrar es bueno o malo, o está contaminado.

Una hierba mala que arruina a muchísimos jardines, se llama orgullo. Otras son la envidia y los celos o los malos entendidos.

En ocasiones, en nuestro corazón empiezan a emerger sentimientos negativos que no inconscientemente sembramos en nuestro corazón. Pues eso significa que en nuestro corazón no sólo crecen los buenos pensamientos que sembramos, sino que cualquier comentario o mal entendido, puede prosperar en nuestro corazón; por lo tanto, debemos estar atentos a lo que percibe nuestra mente.

Así como un pájaro casualmente defeca en el jardín arrojando una semilla mala, de la misma manera, de vez en cuando un vecino, o amigo, o alguien puede excretar en nuestra mente un pensamiento malo y enseguida éste cobra vida propia y luego si es nocivo, debemos luchar para arrancarlo. Por eso hay que estar siempre al pendiente. Puede que hasta por el aire (radio y televisión) sean arrojadas actitudes sensuales y las

...insisto, debemos seleccionar y controlar la calidad de semilla, de comentarios o actitudes que entran a nuestra mente...

podemos aferrar y cultivar provocando dolor, como si uno mismo se clavara un cuchillo; insisto, debemos seleccionar y controlar la calidad de semilla, de comentarios o actitudes que entran a nuestra mente, para que no echen raíz en nuestro corazón.

En ocasiones hay bandadas de pájaros que invaden su jardín, de aspecto feroz, que arrancan flores y se comen la buena fruta y la buena semilla. De seguir así pueden destrozar su jardín. ¿Qué se debe hacer?

...no podemos impedir que bandadas de pájaros vuelan sobre nuestro jardín, pero lo que sí podemos, es impedir que hagan sus nidos en él.

Es decir, en ocasiones uno es atacado verbalmente por grupos de individuos que tratan de destruir su forma de ser. Ud. debes luchar valientemente a toda costa, ahuyentando a esas personas que intentan lastimarle. Debe comprender que ellos no tienen ningún poder sobre Ud., tienen sólo el poder que Ud. les dé. Esos pájaros son las ideas y los pensamientos negativos, la superstición y la ignorancia que nos sumergen en confusión y que tratan de deformar nuestros propios principios. Aléjalos de su jardín; no tienen poder sobre Ud., si Ud. no se lo da.

Tenga presente, que no podemos impedir que bandadas de pájaros vuelan sobre nuestro jardín, pero lo que sí podemos, es impedir que hagan sus nidos en él. Reflexione sobre todo en esto último que he comentado. Es decir, Ud. no puede impedir lo que otros digan o hagan, pero sí puede impedir que sus comentarios o actitudes se aniden en su corazón, provocando malestares.

Jim y Elaine

Jim acababa de llegar del trabajo bien entrada la noche y estaba completamente exhausto. Su mujer, Elaine, le saludó y le preguntó si se encontraba bien. Antes de que pudiera responder, llamaron a la puerta. Era Bárbara, la nueva secretaria de Jim. Éste se había olvidado de unos documentos en la oficina y a pesar de que Bárbara había corrido en su busca, no había conseguido alcanzarle antes de que llegara al estacionamiento. Ella creía que esos documentos eran importantes y por ello había decidido ir a entregárselos. Jim se mostró bastante complacido por la diligencia de Bárbara y le dio las gracias repetidas veces.

Elaine, que había presenciado el desarrollo de la escena, pensó que Bárbara era muy cariñosa con su marido y que quizás le consideraba algo más que un jefe. Inmediatamente, hizo un repaso mental de las dos últimas semanas, intentando recordar si la relación entre ella y su marido había transcurrido sin complicaciones. ¿Habían hablado lo suficiente? ¿Habían salido bastante? Ambos creían que si no cuidaban lo suficiente su relación, tendrían que enfrentarse a ciertos problemas.

Jim y Elaine llevaban casados quince años. Al igual que la mayoría de las parejas, tenían sus problemas, pero siempre habían salido airosos de los mismos. Atribuían la razón de su éxito a la atención que prestaban a su relación. Hacía mucho tiempo que habían comprendido que la intensa atracción inicial existente entre los dos probablemente no duraría por siempre y que tendrían que trabajar mucho para seguir manteniendo su amor. Por ello, siempre que tenían un problema, hablaban de él sin tapujos; nunca lo eludían, ya que luego habrían tenido que enfrentarse a uno mayor.

Además, siempre procuraban hacer algo especial varias veces al mes, con el fin de no caer en la rutina. También solían sorprenderse el uno al otro con pequeños obsequios recordatorios de lo mucho que se querían y pensaban el uno en el otro.

Después de que Bárbara se marchó, Elaine le expuso sus dudas a Jim, quien le aseguró que ella era la única mujer de su vida. Admitió que Bárbara era atractiva, pero dijo que nunca permitiría que ninguna otra mujer se interpusiera en la maravillosa relación que ellos compartían.

Elaine también sacó a colación su preocupación de que quizás no habían atendido su relación como lo hacían normalmente. Jim reconoció que Elaine tal vez tuviera razón y añadió que posiblemente los cuidados que habían brindado a su relación durante las últimas dos semanas, habían carecido de espontaneidad. Después de todo, el hecho de hacer algo improvisado les ayudaría a reavivar la llama de la pasión.

Siendo consecuente con sus pensamientos, Jim sugirió que podrían tomarse unas pequeñas vacaciones. Elaine estuvo completamente de acuerdo y juntos empezaron a planear a dónde ir.

Si cuidamos lo que se anida en nuestro corazón, la impaciencia que antes nos dominaba, la duda que alguna vez nos atormentaba, el egoísmo, todo se transmuta y nuestro corazón y nuestra mente se purifican. Ud. debe por lo tanto meditar ante lo que escucha o ve y no sólo emberrincharse, provocando discusiones que puedan empeorar las cosas.

Nuestra misión es caminar por la vida sembrando buenas actitudes, que a la gente la deje con una paz y sonrisa interna.

Nuestra misión es caminar por la vida sembrando buenas actitudes, que a la gente la deje con una paz y sonrisa interna. A todo el que le encuentre en su caminar en sentido contrario al suyo, no trate de imponerle o de convencerle de tus intereses, ya que nadie sabe con certeza cuál es el camino para cada uno. Si alguien se atraviesa en su camino, sonríele.

Un profesor mío en la universidad de Fresno, solía decir "yo no impongo consejos a nadie. Pues si la persona es inteligente no los pide y si es tonta no los sigue". Cuida su energía. Amplía su consciencia y ten una mente abierta y flexible. Hay cosas en la vida que nadie puede hacer por Ud., más claro, nadie puede hacer por Ud., lo que Ud. no quiere hacer por sí mismo.

Aquí una serie de recomendaciones para el lagarto sensible:

1.- Cuando todos hablan, escuche, nunca censure, y aprenda.

2.- Cuando mire a alguien, demuéstrele siempre su afecto.

3.- Al caminar por la vida dele a todo el mundo a su paso una sonrisa. Ud. no tiene idea del poder transformador que tiene.

El propósito de tener una mente abierta es el de lograr llenarla con muchas cosas valiosas.

4.- Recuerde siempre: la mente es como un paracaídas. Funciona mejor cuando está abierta.

5.- Vivir en este mundo es cambiar. Nada es permanente. Eventualmente al cambiar maduramos, y al madurar amamos a nuestro prójimo como a nosotros mismos.

6.- El propósito de tener una mente abierta es el de lograr llenarla con muchas cosas valiosas.

13.- El Lagarto
ENOJÓN

Este lagarto es de apariencia iracunda, irritable, ceñudo, colérico, agresivo, cascarrabias, amargado, bilioso y excitado.

Es un reptil de América parecido a la iguana macho. Tiene una cresta erizada y frunce el entrecejo.

Es el tipo de lagarto que cree, que con tener una actitud enojona y exaltada se van a hacer las cosas como a él le da la gana.

Se cree que todo lo sabe y actúa siendo muy regañón.

Este tipo de lagarto "sabelotodo", es arrebatado, frenético, delirante; luego es arrancado para terminar siendo fingido, erróneo y patético fabuloso.

Casi siempre sus imaginados proyectos concluyen en rotundos fracasos.

Casi siempre sus imaginados proyectos concluyen en rotundos fracasos.

Sugerencias:

El lagarto enojón debe aprender a tener Paciencia. La paciencia es una habilidad, una gracia, un obsequio, un talento y hasta un don.

Por lo tanto, cuando un individuo desarrolla la paciencia, este individuo dispondrá de una de las herramientas inconmensurables que se requieren para el éxito en todos los asuntos y negocios.

«La paciencia es un árbol de raíces amargas, pero lleno de esperanzas y de frutos dulces.»

Ante tal expectativa, cuando nos auto valoremos en nuestro carácter, i n d i s p e n s a b l e m e n t e tendremos que analizar, ¿de qué tanta paciencia disponemos?, para luego calificarnos y desde luego, si tenemos suficiente paciencia, buscar y encontrar cómo mantenerla.

Y si tenemos poca paciencia, primero habrá que buscar la paz con todo mundo y luego encontrar la paz interna con nosotros mismos.

«La paciencia es un árbol de raíces amargas, pero lleno de esperanzas y de frutos dulces.»

14.- El Lagarto
INESTABLE

Los lagartijos inestables son los animalillos que nunca viven en la misma cueva. Igual se meten donde sea; son muy comunes en Europa y en los climas cálidos y templados de América Latina. En Veracruz les dicen "machumbos" donde los brujos los utilizan "disque" para alejar la mala suerte.

A los individuos que actúan como estos bichos, en México les dicen "lagartijos colibríes" porque no más andan de flor en flor y se creen capaces de seducir a cualquiera y a vivir en cualquier casa ajena. Son modositos aparentando ser amables, saludando al sexo opuesto con el hipócrita besito en la mejilla. Luego se tornan chistositos para llamar la atención, haciéndose los lindos. Lo cierto es que son una amenaza permanente y muy peligrosa para cualquier familia decente y recatada. Ponen en duda la formalidad del agrupamiento de trabajo, así como el prestigio y reputación de cualquier agrupación o vivienda donde se les permitan sus deleznables e hipócritas maneras de vivir.

"Pablito" (así le decían sus admiradoras) era uno de esos tipejos "lagartijos colibríes". En una reunión de trabajo, donde habían parejas de matrimonios asociados como emprendedores, se coló ese bicho pretendiendo ser admitido. Desde luego que echó a andar sus mañas. Se le acercó a Ana Betty la esposa de

Jimmy, presumiéndole su soltería y contándole chistes que la hacían reír. Lógicamente estaba distrayendo la atención de la concurrencia y entonces se levantó Jimmy, lo tomó por las solapas y lo botó para la calle. El incidente provocó que la reunión fracasara y que Jimmy iniciara una conversación para orientar a Ana Betty en su conducta en relación con estos tipos.

El lagarto inestable es como una boa. Se pone a modo de atrapar la presa con el vaho. Parece tipo inofensivo, como un reptil dormido, pero calculador cuando le tiene enfrente. Le adula a uno para descubrir sus debilidades y a las mujeres le dice piropos. Habla bonito y supuestamente sabe escuchar. Ese reptil es hipócrita. Cuando cautiva una presa, la transforma en una persona cerrada, necia y sarcástica, fácilmente instigada por el reptil. Envenena sus pensamientos, acusando falsamente a otras personas ausentes o presentes. Si dentro de una agrupación se juntan por su propia cuenta, un lagarto inestable con una lagarta bribona, la agrupación terminará dividida y cualquier empresa entrará en una etapa de desintegración.

A estos lagartos, en mi pueblo se les imputa cantidad de sucesos odiosos, que indujeron al odio y aborrecimiento entre hermanos y familias enteras, divorcios de matrimonios establecidos, pleitos entre socios y compañeros de empresas, quiebra de muchas sociedades de productores agrícolas y el fracaso de muchos proyectos económicos para el desarrollo municipal.

Sugerencias:

Respetar a la mujer de su prójimo... y ¡a Ud. mismo!

15.- El Lagarto
NARCISISTA

El lagarto narcisista es muy semejante al Lagarto Overo (Tupinambis teguixin). ¿Cómo reconocer esta especie?

Este reptil es uno de los más corpulentos del mundo. En los individuos adultos la coloración dorsal posee un fondo pardo amarillento u oliváceo más o menos oscuro, con fajas negras transversales desde la nuca hasta la cola, sustituidas a veces por manchas irregulares negras o blancas.

Los individuos jóvenes presentan un color verde claro metálico muy vivo y brillante. El peso de los adultos oscila entre 3,5 a 4 kilogramos aproximadamente. La cabeza es triangular y alta, bien diferenciada del cuerpo. Tienen ojos grandes con márgenes lisos y pupilas circulares. Poseen párpados y una especie de tercer párpado transparente denominado "membrana nictitante". Las escamas de la zona ventral son pequeñas. Las patas poseen todas cinco dedos —más largos en las patas traseras— provistos de fuertes uñas.

Poseen una larga cola, que arrastran al caminar. Puede separarse del cuerpo —como en muchos otros lagartos— y regenerarse. Los machos son más grandes y robustos que las hembras.

Pudiéramos decir que es el tipo de lagarto más insolente, hembra o macho. Para nada ocultan su condición de prepotencia. Siempre abren su boca para hacer notar su presencia e imponer su condición, aunque luego huyen resbaladizos cuando otros se defienden encarándolos.

...es el tipo de lagarto más insolente...

Hay cantidad de hombres que se sienten muy "machos" por su sola condición de ser hombres y hay cantidad de mujeres que se sienten muy "machas" por la sola idea de exigir posiciones y categorías similares a las de los machos. La verdad es que estas almas en el fondo, sólo son víctimas de las malformaciones del medio ambiente o de la familia donde les tocó ser parte: el machista suspira por las virtudes de las féminas y las hembras apetecen las libertades y prerrogativas del varón.

Para relacionar al lagarto "narcisista" con el individuo "machista", habremos de ilustrarnos, que el calificativo de "narcisista", viene de "Narciso": «Personaje mitológico: hombre enamorado de sí mismo». *(Véase http://es.wikipedia.org/wiki/Narciso_(mitología).)* Por lo general, a los narcisistas o machistas, en su niñez les metieron en la cabeza que eran muy bellos o bellas, más fuertes que los demás y con muchos más privilegios que los otros.

Esas son las razones por las que con los prójimos narcisistas, es muy difícil dialogar, porque siempre están queriendo imponer sus criterios egocentristas, y cuando se logra hacerlos que escuchen, hipócritamente aparentan ceder; más tarde se manifiestan iracundos y cuando se alejan, dan marcha atrás a lo que aceptaron y niegan lo que acordaron con otros.

Son muy falsos y peligrosos, porque si uno les da la espalda, fácilmente traicionan hasta a sus seres más queridos.

Son muy falsos y peligrosos, porque si uno les da la espalda, fácilmente traicionan hasta sus seres más queridos.

En nuestro criterio, los narcisistas o machistas, sólo son unos ególatras obstinados, a quienes les hace falta maduración como seres humanos. Pero al fin, como seres humanos, requieren de mucha ayuda y tolerancia para ser rescatados de sus niñerías acostumbradas y que si logran madurar, puedan ser personas de provecho a sus familias y a la sociedad a que pertenezcan.

Su maduración podrá ser más fácil, cuando las personas que estén más cerca de ellos, dejen de consentirlos,

171

tratándolos con el mismo rigor y respeto que a todos los demás. Que no les tengan ningún miedo y que los enfrenten para que los pongan de una vez por todas en su lugar. O de lo contrario, igualmente serán cómplices de su narcisismo o machismo.

...ambos tendrán que ser tolerantes...

Otro de los extremos de las personas "narcisistas" es el hábito de hablar siempre en primera persona, es decir: «Yo quiero que tú entiendas…», «Yo quiero…», «Yo necesito que ustedes me escuchen», «A mí me hace falta que estén dispuestos a seguir mis instrucciones», etcétera. Siempre anteponen el "Yo" singular repetidamente. En México les dicen los "yoyos".

Sugerencias:

Para evitar ser narcisista, la hembra y el macho narcisistas, ambos tendrán que ser tolerantes, pensando que ambos son los pilares que sostienen todo el peso de una familia, de una empresa o de una comunidad; que hembra y macho son un binomio inseparable que Dios y la naturaleza así lo concibieron, para que funcionen juntos, igual como las dos extremidades inferiores, la pata izquierda y la pata derecha. Una sin la otra no funciona bien; ambas tienen que combinar armonizando sus movimientos, para que el resto del cuerpo se movilice eficientemente.

16.- El Lagarto
DESIDIOSO

Este es aquel individuo que tiende a aplazar las cosas, tarda en decidirse y pospone sus actividades. Como lagarto desidioso tomaremos a cualquier ejemplar de los dinosaurios prehistóricos. Aquellos reptiles fueron tan indecisos, que se murieron de hambre porque siempre fueron incapaces de tomar la decisión de mudarse del mismo paraje donde se alimentaban. Parece que le tuvieron mucho miedo a cualquier cambio de sus vidas sedentarias.

Igualmente hay tantos individuos desidiosos. Son flemáticos, indiferentes a buscar el cambio de sus actividades. Siempre están postergando las cosas y buscando excusas para no actuar, aunque vean que la fuente de sus ingresos económicos cada día amenaza con agotarse.

Estos individuos desidiosos no tienen la menor idea que el tiempo es un tesoro y que ellos lo están despilfarrando sin escrúpulo alguno. Se niegan a ver, que dicho tesoro es un recurso no renovable. Aunque todo el mundo dice "juventud divino tesoro", ciertamente es un tesoro que hay que cuidar para prolongar y pocos son los que piensan que ese tesoro hay que invertirlo en algo productivo, para que nos dure más tiempo nuestra juventud. Y en el transcurso del tiempo, nuestra edad será según el uso que le hayamos dado a ese "divino tesoro" que es el tiempo, y en la madurez podamos ver nuestra juventud acumulada. Así que a cualquier edad, ¡deje la desidia! Que sólo le provocará el aburrimiento y la desdicha.

Sugerencia:

Deje de ver las nubes y póngase a trabajar la tierra… no hay temporada perfecta, hay circunstancias y éstas son para vencerlas. (Véase Eclesiastés 11:4)

Cómo matar al Lagarto que llevamos por dentro

Podemos decir que todo mundo, aun los lagartos, poseen iniciativa propia en el mundo donde se permita la libertad de empresa, la libertad de emprender algo, de ser quien uno esté dispuesto a ser según sea su esfuerzo, inclusive para aquellos que no han podido alcanzar títulos profesionales, ni dispongan de grandes capitales crediticios o de herencias fabulosas. Sólo hace falta que tengan al menos el sueño de alcanzar algo que no han podido obtener con la rutina de su modo de vivir. Porque en un lugar donde existen libremente formas de ser productivo, consumidor inteligente y comercializador abierto, cualquiera puede invertir sus ahorros, su tiempo y su capacidad emprendedora.

Aquí cabría preguntarse, ¿cuál sería la motivación o el motor principal para que las personas se inicien como emprendedoras de su propio negocio, y puedan destacar?

Lo primero que se tiene que manifestar es la honestidad consigo mismo...

Lo primero que se tiene que manifestar es la honestidad consigo mismo, reconociendo en qué tipo de lagartijera ha estado viviendo, para sacudirse y matar a ese lagarto que traiga dentro y de una vez por todas "agarre al toro por los cuernos" y en el espacio donde habitaba el lagarto, lo limpie y desinfecte, para que ahí mismo nazca un espíritu de servir y emprender algo, provocando su propia metamorfosis: siendo ser libre, autodependiente, dispuesto a servir y a servirse a sí mismo, prevenido y listo a aprender y hacer, para adquirir la alegría de dar y recibir lo que su imaginación emprendedora le sea tan capaz de concebir.

UNA ANÉCDOTA REAL

Resulta que mi Papá, hace como diez años, estaba en Cuba y conoció a una cubana. Sin saber lo que el destino les tenía deparado, se casaron y procrearon a un niño. Al correr del tiempo unidos decidieron salir adelante y fueron reuniendo una buena cantidad de dinero para ser dueños de su propia casa. Pasaron muchos trabajos para comprar los materiales, y con esfuerzos propios, construyeron una casa con cinco dormitorios, cuatro baños, dos cocinas, por el frente portales de teja, un busto de José Martí, y un nicho con San Lázaro. Construyeron aceras y pavimentaron la calle. Por atrás tenían amplios portales, área techada de recreo, piscina chapoteadero, cisterna de almacenamiento de agua, servidumbres de energía eléctrica, agua potable, drenajes; sin faltar los muebles inherentes y electrodomésticos de importación para el bienestar y el confort familiar.

Toda esa inversión la fueron realizando conforme aparecían los insumos en las tiendas del gobierno, soportando interminables visitas de inspectores de la dirección municipal y asumiendo repetidas multas.

Todo esto lo hicieron por el señuelo de que el régimen les concediera permiso para alquilar al menos una habitación para el turismo, siendo esto el giro particular que el sistema económico centralizado permite a los ciudadanos. Pero eso sí, se hizo con mucha fe en la premisa Constitucional socialista, «De cada quien según su capacidad y a cada quien según su trabajo». *(Stalin, Constitución Soviética 1936)*

Sin embargo, el permiso de alquilar no se les concedió, justificando la negativa en una serie de regulaciones y tramitaciones burocráticas muy difíciles de entender, y disposiciones municipales movedizas sin ninguna certidumbre jurídica específica, ni objetividad de reconocimiento al esfuerzo privado.

Especulando que tal vez, si el mexicano fuera residente permanente, les concederían el permiso, desde luego hicieron la solicitud, cumpliendo una increíble lista de tramitaciones consulares migratorias, acompañadas de gravosos costos, documentaciones y tortuosas entrevistas burocráticas.

No existe la propiedad privada, y por tanto no se permite la libre empresa a los ciudadanos...

Después de dos años no obtuvieron permiso de alquilar, ni después de año y medio la residencia permanente para el mexicano le había sido resuelta.

Todo ese contexto se explica, porque en esa república socialista, las leyes prevén que todo debe estar bajo el control, propiedad y dominio del gobierno. No existe la propiedad privada, y por tanto no se permite la libre empresa a los ciudadanos, quienes tienen que vivir solamente como asalariados de las dependencias oficiales o empresas creadas por el mismo sistema económico, donde obviamente tampoco existe la libertad del comercio propio entre los ciudadanos.

No obstante, "rumiaron" su suerte sin desesperarse, y mientras tanto, haciendo muchos trámites caros, exasperantes, desagradables y rigurosos, lograron que a ella le dieran permiso para visitar por dos meses el país de su esposo. Ella nunca había pensado salir de aquel lugar, a pesar de tantas necesidades, escasez de las cosas de buena calidad, de la falta de oportunidades para ser independiente, de la precariedad y dificultades del transporte, de las costumbres de inestabilidad marital, promiscuidad en la vivienda y en fin, de ni siquiera tener la autodeterminación del usufructo y certeza del derecho de pertenencia en el patrimonio de la sociedad conyugal.

Después de toda esa serie de vicisitudes, Yeleidys, la esposa de mi papá, llegó a México como visitante dependiente de su esposo. Cuando anduvo por las calles, se quedó sorprendida, boquiabierta. Nunca en su vida había visto tantísimas tiendas en todos los lugares y de todos los tamaños. No podía creer las enormes cantidades de carros y motocicletas que circulaban por amplias avenidas y otros que por dondequiera estaban a la venta. Quedó estupefacta de ver infinidad de quioscos, puestos fijos y semifijos de comerciantes, así como individuos vendiendo por cuenta propia inmensidad de cosas: alimentos, frutas,

bisuterías, ropa, herramientas y una enorme variedad de artículos.

«Wuaaauuu, ¡qué maravilla!» —expresó Yeleidys. No podía creerlo; se quedó embobada y se regocijaba visitando todas las tiendas, tianguis, plazas comerciales, ventas de garaje y pequeños comercios tendidos por todas las aceras. Y desde luego pensó diciéndole a su esposo, «El dinero que tenías destinado para pasearnos, lo quiero invertir en cosas que yo misma pueda revender obteniendo ganancias, para ayudarte en los gastos del viaje y ganar algo para llevarles un presente a mis gentes».

Mi papá de entrada no se percató del impacto tan tremendo que sufrió su esposa, al darse cuenta de la diferencia de lo que es una economía centralizada, cerrada y prohibida en la producción y comercialización para los ciudadanos, frente a otra economía abierta, libremente ejercitable en la producción y comercialización de todos los bienes y servicios, donde cualquiera tiene oportunidades para ser empresario y administrador de sus propios negocios.

Mi papá, quien maliciaba el libertinaje comercial como una circunstancia especulativa, poco humanitaria, falta de solidaridad con los necesitados, codiciosa, usurera y propensa hacia el monopolio de la producción y la mercadería del producto del trabajo; frunciendo el entrecejo, pero conmovido, orgulloso del carácter decidido y emotivo de su esposa, advirtió el mensaje. No había ninguna duda, ella estaba fastidiada de vivir años lagartoneando, sujetada a un salario insuficiente y temerosa de permanecer colgada del dinero de su esposo. Quería probar ¿a qué sabían? unos pesos ganados por su propia incitativa; quería ser autodependiente, y detectó inteligentemente su oportunidad. Y a mi papá, le emocionó la energía de esa actitud emprendedora de su esposa, quien la enfatizó diciendo, «Mira Miguel, para mí no existe la mala suerte, y la buena suerte sólo son aquellas oportunidades que aprovechas cuando las tienes al alcance de tu mano».

«Mira Miguel, para mí no existe la mala suerte, y la buena suerte sólo son aquellas oportunidades que aprovechas cuando las tienes al alcance de tu mano.»

Ella misma se informó en donde estaba un almacén de ventas al mayoreo. Indujo a su esposo que la llevara hasta la ciudad de Colima. Se apersonó como si ya fuera una compradora experimentada; al hijo lo dejó a cargo del marido. Regateó y pugnó por que le dieran buenos precios, proponiendo comprar buenas cantidades, y en menos de tres horas había comprado docenas y más docenas de bisutería (imitaciones), juguetitos para niños, baratijas para las jovencitas, bolsos de mano y quién sabe cuántas cosas más. Fueron como siete bultos que apretadamente cupieron en el vehículo y el niño tuvo que viajar de regreso sentado en las piernas de la madre.

El domingo siguiente cargó con un bulto y se llevó al niño. Se instaló en el tianguis del mercado municipal, aprovechando un pequeño espacio. Puso al niño a mostrar la función de los juguetes y ella a mostrar los colguijes para las muchachas. ¡Increíble! El resultado fue que vendió más que David, quien era un minorista mercader ya veterano en ese lugar.

Este suceso es una vivencia real de lo que recientemente sucedió cuando una persona como Yeleidys, se decidió sacudirse la flojera lagartona, se decidió a matar el lagarto que traía dentro, para darle oportunidad de nacimiento a su espíritu emprendedor. Ella misma hizo su particular inauguración de su propio negocio y manifestó querer que su país fuera un país donde existan las oportunidades de libre empresa, para ella poder desarrollar lo que vio y aprendió.

Lo hizo y quisiera seguir haciendo, sólo que le falta

comprender que para desarrollar lo que vio, tendrá que aprender nuevas actitudes y adquirir el sentimiento de compromiso de estabilidad conyugal que representara su compromiso y prestigio, indispensables para la construcción de un nuevo tejido social.

Podemos aprender de lo que sucedió con Yeleidys, conforme al relato de la anécdota anterior, para matar al lagarto que los individuos llevan dentro.

1. Lo primero es analizar las condiciones del lugar de donde vienen.

2. Luego darse cuenta de las oportunidades del lugar en que ahora se encuentran.

3. Finalmente, identificar las actitudes de lagarto que llevan dentro, reconociendo todo el daño que les ha infligido, y maten a ese lagarto, abandonando las actitudes dañinas y cambiarlas por nuevas cualidades, que los nutran de pensamientos y modos que les abran el nacimiento de un espíritu de servicio.

Vamos a ver qué cosa es lo que debemos entender con esas dos palabras "espíritu" y "servicio". ¿Qué simbolización significativa encierran esos dos vocablos?

No hay ninguna dificultad en entender la palabra "espíritu". Según los misterios de la teología cristiana, el espíritu en los seres humanos es su alma, aunque algunos pensadores modernos para no ir en contra de la fe, dicen que el "espíritu" es el principio del pensamiento. Y por otra parte, otros piensan, que "espíritu" humanamente quiere decir: el ánimo, el aliento, la energía, la fuerza y el valor de los sentimientos y las emociones de uno.

Y por lo que se refiere a la palabra "servicio", pues bastaría con buscar los equivalentes y veremos que quiere decir: gracia, ayuda, asistencia, favor, auxilio, prestación y un largo etcétera, etcétera.

...porque "autodependencia" no quiere decir autosuficiencia...

Pero lo interesante de las dos palabras juntas, "espíritu de servicio", es que para algunos significa una alegoría del misterio de la fe. Para otros no hay ningún misterio, sólo es la decisión mental de las personas honestas y decentes, de auspiciarse en la sana alegría anímica de sentirse útil para quien lo necesite y al mismo tiempo no sentirse utilizado por nadie, y agreguemos, es el resultado y una de tantas satisfacciones que puede dar el ser autodependiente, al dejar de vivir colgados del gobierno o de otras personas, al no quedarse esperando que las cosas le caigan del cielo y caminar decididos sin esperar a que les llegue la "buena suerte".

Aquí habrá que evitar caer en la soberbia, el falso orgullo y la altivez, porque "autodependencia" no quiere decir autosuficiencia, puesto que nadie en este mundo es autosuficiente y el que caiga en el error de sentirse autosuficiente pues sólo será un lagarto "soberbio".

Observemos a Miguel y Francis Acevedo, Sergio y Martha Aguilera, Sixto y Bertha Barrientos, Alberto e Isabel Deval, Jorge y Mónica Martínez, Juan y Blanca Murillo, Heraclio y Johana Puentes, Javier y Silvia Chávez, Eliseo y Maricela Ruiz, José y María Arteaga, Leo y Selene Ramírez, Ramón y Rosaura Hinojos, Gerardo y Graciela Suárez, Juan Antonio y Dora Cruz, José y Lupe Jasso, y Ángel y María Aguado (nivel de Esmeraldas en Amway); personas que han

...el sueño los mantuvo en el camino correcto, los guío, los alentó, los sustentó.

caminado por la vida, fundándose en su propio sueño y su desarrollo personal, para crearse y defender una buena reputación y un buen prestigio. Estos son ejemplos de personas que lograron vencer a varios lagartos, y de cuyo éxito nunca podrán avergonzarse. Son conscientes de la importancia que tiene el tener un anhelo, un "sueño", una visión muy clara de lo que desean lograr en la vida, para lo cual, primero tuvieron que asumir y cuidar, que cada acción que emprendieran y cada emoción fuese de acuerdo a sus metas. Pues, el sueño los mantuvo en el camino correcto, los guío, los alentó, los sustentó. El "sueño", el deseo ardiente de lo que uno quiere lograr en la vida, es el combustible que provoca que venza los lagartos que están dentro de uno.

El tener una imagen clara y específica, le permite a uno saber con certeza, qué lagarto debe vencer.

El tener una imagen clara y específica, le permite a uno saber con certeza, qué lagarto debe vencer. Debemos saber qué formas de pensar debemos cambiar y las acciones que tenemos que emprender. Eso nos permite aniquilar los lagartos que nos arrastran y nos detienen. Las indecisiones, el desorden de emociones, la falta de compromiso consigo mismo o con su pareja, son obstáculos que sólo producen falsas ideas de objetivos y metas de corto plazo, que terminan arruinando el futuro de las personas. Las ideas vagas y poco claras de lo que se quiere tener en la vida, demuestran la poca seriedad en cuanto a cómo se quiere vivir. Esas ideas borrosas generalmente producen inseguridad, baja autoestima, angustias, y sus resultados igualmente son borrosos y lo más seguro es que a estas personas, con frecuencia se les enrarece su medio ambiente y se les ahueca el pensamiento, creyéndose estar atrapados en un laberinto sin salida y hasta pueden entrar en un espiral degenerativo de su consciencia que los invita a renegar de su propia existencia.

Cuando uno logra vencer los lagartos que lo poseen, uno crea una imagen o una fotografía mental de lo que se desea alcanzar. El consciente busca poner la realidad interior de uno en armonía con su realidad exterior, y se encarga de mostrar el camino mediante el cual puede materializar su deseo. A todas las cosas en la vida, al querer alcanzarlas, se nos presentan obstáculos. Y en la mayoría de los casos, esos obstáculos son internos o personales. Podríamos decir que los sueños u objetivos que tenemos en la vida, son precedidos por una serie de lagartos que tenemos que vencer. Es decir que antes de materializar su "sueño", primero debe matar al lagarto o lagartos que están dentro de uno.

Lo que amamos en relación a lo que deseamos y las habilidades que poseemos, equivale a un sueño. Lo que deseamos, determina lo que queremos vivir. Si decidimos que ya es tiempo de identificar los "sueños", objetivos y metas que deseamos alcanzar, entonces no sólo basemos lo que queremos en lo que sabemos y hacemos actualmente, sino que también debemos considerar, que lo que queremos lograr, debemos basarlo en las actividades nuevas que vamos a poner en práctica y en los lagartos que vamos a vencer. Mucha gente basa sus sueños en lo que sabe y hace ahora, y cuando empieza a luchar por sus sueños se da cuenta que trae consigo un montón de lagartos.

Hay que basar los sueños en nuevas actitudes, valores y principios que hay que aprender, desarrollar y aplicar. Pues de nada sirve construir para que después se caiga por la falta de crecimiento personal. Lo que Ud. sabe y hace, le tiene como está. Sin embargo si basa lo que quiere en la vida, en nuevas cosas que va a aprender y habilidades que va a desarrollar y nuevas conductas por desarrollar, entonces comprobará que luchar por sus sueños encierra dos aspectos: uno, definir claramente sus deseos más importantes, y dos, identificar los lagartos que le tienen atrancado.

Todo éxito comienza con un "sueño". Todos tenemos grandes "sueños", pero muy pocos de nosotros damos los pasos necesarios para convertirlos en metas y objetivos claros. Debemos estar conscientes, que convertir nuestros "sueños" en realidades, nunca podrá ser el resultado de la suerte o la casualidad. Y las personas que por algún tiempo estuvieron atrancadas, pero cambiaron su estilo de vivir para tener éxito, y triunfaron, fue porque buscaron y provocaron el triunfo, y sus resultados son por consecuencia de que identificaron qué clase de lagarto los detenía. Es decir, el triunfo honesto no es casualidad ni cosa del destino, sino la consecuencia de actitudes correctivas que se eligen.

Intentemos ir al fondo de lo que significa "éxito" o "triunfo". El hecho de lograr una meta, no necesariamente representa tener éxito en su totalidad. Además de lograr lo que Ud. se propuso, el logro debe ser acompañado paralelamente con un crecimiento personal, apoyado con valores y principios. Pues de nada sirve lograr algo en la vida, cargando un montón de lagartos internos, que eventualmente van a salir a la luz y van a revelar quién en verdad es. A las personas exitosas y triunfadoras, generalmente los emulan, los ejemplifican, y los individuos luchan por aprender de ellos y hasta buscan superarlos, para convertirse en auténticos líderes vanguardistas, brillantes y deseosos de obsequiar su lucidez a la raza humana. De tal carácter es el éxito y el triunfo que van acompañados por las buenas actitudes, buenos valores y sólidos principios.

...el hecho de matar a los lagartos muestra, que para vencer en la vida primero uno debe vencerse a uno mismo.

La historia nos enseña que los líderes son conscientes de la importancia de crecer internamente y de tener una imagen clara de lo que desean alcanzar, y de permitir que cada acción que emprendan, esté guiada por su visión y cimentada de buenos principios. Cuando alguien visualiza una imagen, como una fotografía mental en el horizonte, su mente entiende que ese es su deseo y eso le servirá de referencia, para saber hacia dónde dirigirse, y los lagartos que hay que vencer que serán sus mayores retos. Por lo tanto, el hecho de matar a los lagartos muestra, que para vencer en la vida primero uno debe vencerse a uno mismo.

Nuestros "sueños" son los mejores motivadores de la vida. Quien "sueña", posee muy buenas razones y motivos para vivir. No obstante, he aquí la disyuntiva, la complejidad que nos detiene para encontrar la fórmula y la vía para realizar nuestros anhelados "sueños". Nos agobia al no encontrar la vía ni la fórmula. Nos sentimos ofuscados, paralizados al no saber cómo salir de esa parálisis rutinaria en nuestras vidas.

Quien asuma cambiar sus malas costumbres y actitudes, estará provocando su propia metamorfosis para mudarse a materializar su sueño.

En tales circunstancias, sólo hay una forma de superarlas, tomando el toro por los cuernos: abrazar un sueño e identificar el lagarto que nos detiene, y poner en acción el método de realizar nuestro sueño, extirpando preliminarmente a ese lagarto.

Al decidirnos de una vez por todas y para siempre a cambiar nuestras costumbres y actitudes, es para dejar de ser uno de tantos lagartones y emprender la reconstrucción de nuestro propio destino, lo cual requiere dejar de ser guiado por las malas costumbres e ideas que otros nos inculcaron e impusieron, y que nunca dieron buenos resultados. Quien asuma cambiar sus malas costumbres y actitudes, estará provocando su propia metamorfosis para mudarse a materializar su sueño. Si señores y señoras, la vida es una evolución mental que uno mismo se provoca.

Otra evasiva de los individuos, es el hecho de quejarse constantemente, diciendo que hay tantos individuos con problemas en el mundo, que ellos nunca podrán cambiarlos. No se ponen a pensar, que quien inicia su lucha en busca de soluciones a sus propios problemas, con ese solo hecho, es ya un problema menos en el mundo.

Quien se atreva a asumir la responsabilidad de matar a sus lagartos, llega a ser un lagarto menos. Por otro lado, personas que no tienen metas y no se atrevan a solucionar sus problemas, pasan por alto el poder convertirse en una locomotora y prefieren seguir siendo vagones del tren, para seguir siendo arrastrados por los problemas de la vida que otros les hayan fijado.

Para todos ellos, es prudente aclararles, que en sus manos está el poder de matar al lagarto que llevan por dentro.

No hay que ser cómplices de los Lagartos

Para evitar ser cómplices de los niños lagartos, hay que seguir reflexionando sobre el origen y las causas de éstos. En todo lo que va de este ensayo, queda bien claro, que todas esas criaturas nacieron limpias, y que si desde niños se les crió pensando que todo el tiempo serían niños, pues cuando llegaron a ser "adultos", van a invocar al niño que traen adentro, y esa calidad de "adultos" con actitud de niños, empeora una sociedad en vez de mejorarla. Reflexionando, que si de niños los mimaron y sobreprotegieron tanto, que resultaron como "lagartijos", que ellos mismos se den cuenta que ya están "lagartones o lagartonas" y no tienen ningún derecho a colgarse de nadie, y si logran conocer un poquito la vergüenza, que decidan de una vez por todas sacarse el lagarto que llevan por dentro. Aunque ésta decisión no será fácil, que por sí solos la tomen. Pues mientras los padres sean partes de las fechorías de sus hijos y se hagan de la vista gorda, no van a ayudar a estos lagartos a vencer sus actitudes. Es decir, no hay que ser cómplices de estos lagartos.

...mientras los padres sean partes de las fechorías de sus hijos y se hagan de la vista gorda, no van a ayudar a estos lagartos a vencer sus actitudes.

Pero a veces se trata de individuos o personas a las que por el vínculo familiar o conyugal amamos mucho, y sin reflexionar, procuramos vivir esperando que cambie ese ser amado, proponiéndonos darles absolutamente todo lo que ellos pidan y hasta nos duele mucho, lo que a ellos les duele poco. Esto nos confunde y se nos embaraja, se nos mezcla la relación natural con lo que es un amor auténtico y real, porque en el fondo lo que pretendemos es aparecer como indispensables, y egoístamente acogerlos para que digan ¡qué buenos somos!.

Esa clase de amor, se parece al de una madre que duerme con el bebé, que cuando quiere comenzar a "gatear" en el piso, lo atiborra de arrumacos; no lo deja porque el niño puede coger algún virus o bacterias. Esto continúa cuando el bebé quiere dar sus primeros pasos; la madre se llena de miedos exagerando su papel de protectora. Y cuando ya el niño caminó por su propia decisión, comienza a gritarle «¡Te vas a caer!» «¡No te subas ahí!» «¡Bájate o te bajo a nalgadas!» Y ya en la bicicleta para qué contar, hacen una escandalera como si se fuera a acabar el mundo. Todos los niños son muy susceptibles. En lugar de decirles 'No', hay que decirles 'Cómo', para en vez de contagiarlos de nuestros miedos, mejor darles confianza: «¡Tú sí puedes», «Ya estás creciendo», «¡Ya puedes caerte y levantarte tú solito!»

En esa etapa es donde empieza el problema de confundir el amor para alguien y querer que ese alguien por mi amor, sea de mi absoluta propiedad privada, creyendo que por el solo hecho de ser mi hijo, sólo a mí me pertenece. De esta forma colonizamos el amor confundiéndolo en una fantasía o un ensueño, y por supuesto que tendrá que repercutir en aquellos niños y niñas que les tocó un padre o madre con éstas características, que quieren poseer por siempre y eternamente a su hijo o a su hija bajo el ala de su protección. Hasta que un mal día, cuando el niño crece, revienta y vocifera: «¡Déjame tranquilo!» Y cuando llega a ser adulto clama, «¡Ya, no te metas en mi vida!»

Es el mismo fenómeno que vienen arrastrando aquellos niños o aquellas niñas, cuando ya crecieron y asumieron a otro en matrimonio. Tendrán otra familia nueva, y forzosamente echarán de ver que el amor entre adultos tiene que ser real, auténtico y verdadero, un amor que circule y peregrine concediéndose mutuamente los espacios de autodependencia en avenencia y espíritu de servicio, no de proteccionismo, para nunca permitirse actitudes de egoísmo, con la premisa de pensar, «Este amor mío es para ti, porque siempre estoy gustoso de que tú hayas llegado a mi vida, para yo poder serte útil, no utilizable como un artículo desechable o reciclable».

¿Y por qué los lagartos por sí solos no pueden dejar de ser "lagartones"?

Comprendamos, porque a esos individuos e individuas, no le encuentran ningún atractivo moverse del lugar donde los tienen y no necesitan luchar por nada. Sólo tienen que tramarlo todo, al creer que lo merecen todo, y la sola idea de dejar su comodona flojera les turba su consciencia. Por eso les resulta tan difícil dejar de ser como son, por la sencilla razón de que no conocen las penurias de tener hambre y sed, de ser independientes, porque nunca se les exige resolver nada, y además, ¿cómo pueden conocer la satisfacción de saborear su independencia? Sencillamente porque no hay ninguna tienda donde la vendan y por lo tanto, primero tendrán que tener la necesidad y la decisión indispensable de valerse por sí mismos, de enfrentar las consecuencias de sus equivocaciones, de caerse y saber cómo levantarse solos, de conocer el rubor de avergonzarse y de buscar el decoro y dignidad en todas sus acciones personales. Sólo con estas condiciones podrán saber que existe la posibilidad de su autodependencia. Dicho de otra manera, quienes estén consintiendo a un "lagartón o lagartona" tendrán que dejar de consentirlos, de aguantarlos; tendrán que liberarlos de la jaula de oro o del oasis de su protección. Para que obtengan mucha sed y hambre de dignidad, que nadie les arrime el agua ni la comida, y verán que desde luego esos "lagartos" encontrarán la forma de resolver sus propias discapacidades.

Entonces puede entenderse, que los "lagartillos", "las lagartonas y los lagartones" solos, no pecan de ignorancia sobre las posibilidades de su libertad. Sólo en sus manos, no está matar a su lagarto. También está en la complicidad de quienes gozan y les gusta la presunción y la jactancia de que a sus hijos, sus parientes, sus cónyuges, sus amigos o hasta sus socios, permitan que dependan periódicamente de ellos.

Tanto peca el que mata la vaca, como el que le amarra la pata.

De por sí, la «Lagartona es floja y perezosa, y todavía Ud. le pone trapos para que duerma». Y el "Lagartón" es otro flojo perezoso; aun así Ud. le calienta el nido. Pues como se dice en mi pueblo «Tanto peca el que mata la vaca, como el que le amarra la pata», que significa: tan culpable es el lagarto como el que lo protege.

Mientras que haya esa clase de madres, padres,

cónyuges, jefes, administradores, gerentes, profesores, mentores, líderes, o cualquier afecto, alcahuetería o actitud consentidora, blanda y bonachona para los "lagartones y lagartonas", pues a los "lagartos" les resulta muy poco atractivo darse cuenta de la necesidad de su autodependencia.

Son engañosos; saludan con 'sombrero ajeno' o andan en el carro que nunca podrán comprar con el rendimiento de su trabajo.

A la sazón, quienes se hacen de la vista gorda y permiten que las actitudes de los "lagartones y lagartonas" les afecten, se convierten en sus cómplices. Y es cuando "los lagartones" se muestran dichosos y descarados en las calles, prepotentes en el gobierno e indolentes en las agrupaciones de trabajo o de negocios. Porque es tanta la astucia que imprimen a su estilo de lagartear, que hasta pueden impresionar a las personas, que los supone como triunfadores y hasta les temen. Pero bastaría un leve cotejo de sus antecedentes, para desenmascararlos y ver que sus logros no son propios. Son engañosos; saludan con "sombrero ajeno" o andan en el carro que nunca podrán comprar con el rendimiento de su trabajo.

Todo lo que traigan puesto, no es la ganancia de su esfuerzo o de su ingenio productivo independiente. Es muy obvio que estos "lagartos" viven al refugio o de los recursos e inteligencia de quien los protegió consintiéndolos.

O si se adueñan y mantienen algún empleo oficial, es por su marrullería de lambiscones y aduladores que andan siempre gimoteando como subalternos, sin ninguna responsabilidad propia, dependiendo siempre de las decisiones de sus jefes. Entonces, todos estos individuos pueden ser una amenaza, una bombilla de contaminación en la estructura de organización de las familias, de la comunidad, de la corporación o el colectivo de trabajo. Y hasta para el desarrollo intelectual y económico de un país entero, porque muy pronto surgen y afloran las desigualdades en los esfuerzos, en las responsabilidades, en la dignidad y en los derechos a las recompensas que correspondan a cada una de las personas. Y en esto último es cuando causan el peor de los perjuicios en cualquier sistema socioeconómico.

Cuando a uno de estos tipos "lagartones", alguna empresa privada o de gobierno les otorga el riesgo de tener personas a su mando, las descuidan y las dejan a su suerte, porque ellos mismos no tienen la capacidad de apoyarlos, orientarlos e impulsarlos hacia el crecimiento y eficiencia que requiera la corporación en donde se encuentren nominados.

Cómo evitar ser un Lagarto

Hay que estar conscientes, que a nuestro nacimiento, cada quien venimos al mundo como un ser humano indefenso. A primera vista, un niño es aparentemente igual o semejante a muchísimos otros. Sin embargo, al nacer, ya nacemos llorando. Nacemos con dolor. No nacemos sonrientes. A eso le agregamos la cortada del ombligo y las vacunas que nos ponen. Aun hay más dolor. A medida que transcurre el tiempo, según el medio ambiente y las experiencias por las que va pasando ese niño, al cumplir un año empieza a experimentar celos y envidias. Si otro niño le agarra el juguete, siente coraje; pues no sabe compartir. Si otro hermano se le acerca a mamá, siente celos. Entonces aquel niño al ir creciendo por naturaleza siente celos, coraje, envidias, orgullo, ira, mentira, manipulación, pereza, etcétera, y conforme crece se convierte en un individuo con actitudes que sus padres le aceptaron y que no le moldearon. Podríamos decir que nacemos limpios, pero nos contaminamos con emociones negativas, y la única forma de evitar ser un "lagartón o lagartona" es identificar nuestras malas costumbres y su fuente, para evitar la influencia negativa que puede ejercer sobre nosotros — si, señoras y señores, aunque se tratare de nuestros propios padres.

«Así que, queriendo yo hacer el bien; hallo esta ley: que el mal está en mi.»

El Apóstol Pablo nos dice, «Porque lo que hago, no lo entiendo; pues no hago lo que quiero, sino lo que aborrezco eso hago. Y si lo que no quiero, esto hago, apruebo que la ley es buena. De manera que ya no soy yo quien hace aquello, sino el pecado que mora en mí. Y yo se que en mi, en mi carne, no mora el bien; porque el querer el bien está en mi, pero no el hacerlo. Porque no hago el bien que quiero, sino el mal que no quiero, eso hago. Y si hago lo que no quiero, ya no lo hago yo; sino el pecado que mora en mi. Así que, queriendo yo hacer el bien; hallo esta ley: que el mal está en mi.» *(Romanos 7:15–21 RVR 1960)*

El Apóstol Pablo está consciente de la guerra que ocurre en nuestro interior. Hay parte de uno que quiere hacer lo bueno y siente uno lo opuesto. Esto significa que no estamos vencidos; que aunque sintamos lo malo podemos hacer lo bueno. Esta lucha personal es una lucha común en cada uno de los individuos, una lucha común que experimentamos todos los días, como un virus mortal, que trata de tomar poder sobre nuestras vidas — una guerra entre el mal y el bien que hace estragos por dentro.

En el fondo, queremos portarnos bien; sin embargo, hay ocasiones que nos encontramos en situaciones en las que no queremos actuar de manera correcta. Para vencer el mal que está en uno, no es de un día, sino una decisión que continúa a lo largo de la vida y que todos los días tenemos que decidir hacer el bien, aunque sintamos deseos de hacer el mal.

Por lo tanto, nos encontramos sin comprender nuestras propias emociones. Pero sí podemos controlar nuestras acciones. Podremos fallar en qué sentimos pero podemos acertar en lo que hacemos. Teniendo la voluntad de hacer bien podemos combatir al virus del mal. Hay que recordar, que esta voluntad es de todos los días. Las malas actitudes a veces nos toman cautivos. Hay ocasiones que es más el deseo de actuar incorrectamente que correctamente. Si estamos en control de nuestras vidas, aun en situaciones inesperadas y no deseadas, hay una fuerza en función detrás del bien, que nos ayuda a vencer el mal. Esa fuerza que apoya el bien nos ayuda a vencer el mal.

En el siguiente pasaje bíblico vemos como los malos sentimientos de repente se asoman.

«Porque el reino de los cielos es semejante a un hombre, padre de familia, que salió por la mañana a contratar obreros para su viña. Y habiendo convenido con los obreros en un denario al día, los envió a su viña. Saliendo cerca de la hora tercera del día, vio a otros que estaban en la plaza desocupados; Y les dijo: Id también vosotros a mi viña, y os daré lo que sea justo. Y ellos fueron. Salió otra vez cerca de las horas sexta y novena, e hizo lo mismo. Y saliendo cerca de la hora undécima, halló a otros que estaban desocupados; y les dijo: ¿Por qué estáis aquí todo el día desocupados? Le dijeron: Porque nadie nos ha contratado. El les dijo: Id también vosotros a la viña, y recibiréis lo que sea justo. Cuando llegó la noche, el señor de la viña dijo a su mayordomo: Llama a los obreros y págales el jornal, comenzando desde los postreros hasta los primeros. Y al venir los que habían ido cerca de la hora undécima, recibieron cada uno un denario. Al venir también los primeros, pensaron que habían de recibir más; pero también ellos recibieron cada uno un denario. Y al recibirlo, murmuraban contra el padre de familia, diciendo: Estos postreros han trabajado una sola hora, y los has hecho iguales a nosotros, que hemos soportado la carga y el calor del día. El, respondiendo, dijo a uno de ellos: Amigo, no te hago agravio; ¿no conviniste conmigo en un denario? Toma lo que es tuyo, y vete; pero quiero dar a este postrero, como a ti. ¿No me es lícito hacer lo que quiero con lo

mío? ¿O tienes tú envidia, porque yo soy bueno?
Así, los primeros serán postreros, y los postreros,
primeros; porque muchos son llamados, mas pocos
escogidos.» (Mateo 20:1-16 RVR 1960)

¡Qué relato tan interesante! Este pasaje nos enseña de
cómo la envidia de repente se asoma y puede tomar
control de uno. Hay que reflexionar que entre lo
que sentimos y lo que hacemos hay un espacio para
recapacitar y hacer lo bueno. Por lo tanto, está en la
voluntad de uno, el querer vencer las malas actitudes.
Es un compromiso personal respetar a otros con sus
decisiones respecto a lo que hacen y cómo lo hacen.

Cada ser humano es diferente. Nacemos con virtudes y
con el potencial de desarrollar habilidades diferentes.
Sin embargo, hay quienes logran hacer algo con
lo que tienen y, otros no hacen nada con lo que les
dan, porque el lagarto que llevan dentro los tiene
atrancados. El rey Salomón nos señala lo siguiente:

6 Ve a la hormiga, oh perezoso,
   Mira sus caminos, y sé sabio;
7 La cual no teniendo capitán,
   Ni gobernador, ni señor,
8 Prepara en el verano su comida,
   Y recoge en el tiempo de la siega su
      mantenimiento.
9 Perezoso, ¿hasta cuándo has de dormir?
   ¿Cuándo te levantarás de tu sueño?
10 Un poco de sueño, un poco de dormitar,
   Y cruzar por un poco las manos para reposo;
11 Así vendrá tu necesidad como caminante,

Y tu pobreza como hombre armado.
12 El hombre malo, el hombre depravado,
Es el que anda en perversidad de boca;
13 Que guiña los ojos, que habla con los pies,
Que hace señas con los dedos.
14 Perversidades hay en su corazón;
anda pensando el mal en todo tiempo;
Siembra las discordias.
15 Por tanto, su calamidad vendrá de repente;
Súbitamente será quebrantado, y no habrá
remedio.
16 Seis cosas aborrece Jehová,
Y aun siete abomina su alma:
17 Los ojos altivos, la lengua mentirosa,
Las manos derramadoras de sangre inocente,
18 El corazón que maquina pensamientos
inicuos,
Los pies presurosos para correr al mal,
19 El testigo falso que habla mentiras,
Y el que siembra discordia entre hermanos.
(Proverbios 6:6–19 RVR 1960)

El vencerse a uno mismo, es una decisión. Hay quienes deciden hacer algo con lo que Dios nos dio y hay quienes deciden no hacer nada y sólo vegetan por la vida. Veamos la siguiente parábola:

Porque el reino de los cielos es como un hombre que yéndose lejos, llamó a sus siervos y les entregó sus bienes. A uno dio cinco talentos, y a otro dos, y a otro uno, a cada uno conforme a su capacidad; y luego se fue lejos. Y el que había recibido cinco talentos fue y negoció con ellos, y ganó otros cinco talentos. Asimismo el que había recibido dos, ganó también otros dos. Pero el que había recibido uno fue y cavó en la tierra, y escondió el dinero de su señor. Después de mucho tiempo vino el señor de aquellos siervos, y arregló cuentas con ellos. Y llegando el que había recibido cinco talentos, trajo otros cinco talentos, diciendo: Señor, cinco talentos me entregaste; aquí tienes, he ganado otros cinco talentos sobre ellos. Y su señor le dijo: Bien, buen siervo y fiel; sobre poco has sido fiel, sobre mucho te pondré; entra en el gozo de tu señor. Llegando también el que había recibido dos talentos, dijo: Señor, dos talentos me entregaste; aquí tienes, he ganado otros dos talentos sobre ellos. Su señor le dijo: Bien, buen siervo y fiel; sobre poco has sido fiel, sobre mucho te pondré; entra en el gozo de tu señor. Pero llegando también el que había recibido un talento, dijo: Señor, te conocía que eres hombre duro, que siegas donde no sembraste y recoges donde no esparciste; por lo cual tuve miedo, y fui y escondí tu talento en la tierra; aquí tienes lo que es tuyo. Respondiendo su señor, le dijo: Siervo malo y negligente, sabías que siego donde no sembré, y que recojo donde no esparcí. Por tanto, debías haber dado mi dinero a los banqueros, y al venir yo, hubiera recibido lo que es mío con los intereses. Quitadle, pues, el talento, y dadlo al que tiene diez talentos. Porque al que tiene, le será dado, y tendrá más; y al que no tiene, aun lo que tiene le será quitado. Y al siervo inútil echadle en las tinieblas de afuera; allí será el lloro y el crujir de dientes.

(San Mateo 25:14–30 RVR 1960)

Esta parábola implica que tenemos la obligación moral de hacer algo con los talentos que Dios nos dio. Los talentos son todos los diversos dones que tenemos para uso de la humanidad. Esta definición abarca todos los dones naturales, espirituales y materiales. Incluye nuestras habilidades naturales y nuestros recursos, nuestra salud, el tiempo, la educación así como nuestras posesiones, dinero y oportunidades.

Una de las lecciones más simples de esta parábola, es que no es inmoral derivar ganancias de nuestros recursos y trabajo. Hay que entender que lo opuesto de la ganancia es la pérdida. Está más que claro, que Dios nos da tiempo para que hagamos algo con él. Nos da las manos y los ojos, la mente para que hagamos algo.

Esta parábola contiene una lección crítica sobre la obligación que tenemos de utilizar las capacidades y los recursos que tenemos. En Corintios vemos cómo Dios a los miembros de su iglesia les dio diferentes dones: profetizar, lenguas, enseñar, sabiduría, ciencia, etcétera, para que los pusieran en práctica con un solo propósito, la edificación mutua.

Esta parábola se aplica a nosotros. Hay personas que tienen gran influencia sobre los demás; otras son muy serviciales; otras en cambio, son capaces de entregarse con heroísmo al cuidado de personas enfermas. Hay personas con una profesión, con un trabajo, con unos estudios, con una responsabilidad concreta en la sociedad, etcétera. Todas las virtudes que poseemos, son para hacer algo con ellas.

Pero puede darse el caso del tercer siervo del evangelio: no produjo nada con su talento. La actitud de no hacer nada duele. Afecta a los que le rodean a uno. La actitud de no hacer nada, daña el corazón de los demás, porque es una manifestación de pereza, dejadez, falta de interés y desprecio a quien le ha regalado el talento.

Analiza la jornada suya. ¿Qué ha hecho hoy? ¿Qué fruto han dado sus cualidades? ¿Cuántas veces ha dejado de hacer lo que debía?

Esta narración nos debe hacer pensar mucho. Cada uno de nosotros tiene un talento especial, o muchos. ¿Cuál cree que es el don suyo? Lo primero que debemos hacer consiste en examinar nuestra vida, para saber qué cosas sabemos hacer mejor que otras. No se trata de decir, «Yo no soy bueno para esto o para esto otro». Se trata de lo contrario, deslindar todo aquello para lo que somos realmente buenos.

«Amarás a tu prójimo como a ti mismo.»

Muchas veces, ser diestro en algo, supone nada más, el interés que le demos a esa actividad. Veamos qué temas nos interesan más, qué actividades gozamos mucho, y eso nos dará una idea de para qué somos buenos.

Entonces, ¿cómo podemos evitar ser lagartos?

La respuesta la encontramos en San Mateo 22:39 *(RVR 1960)*: «Amarás a tu prójimo como a ti mismo». Eso implica no oprimir a nadie, no manipular, no mentir, no quedarme con lo que pertenece a otros, no criticar, no tener envidia, no ser corrupto, y no ser flojo.

Nuestros talentos son para el servicio de los demás. Nuestros talentos no son para humillar a nadie o para tomar ventaja de alguien. Ni mucho menos son para jactarnos. Hay personas que por cualquier excusa, dejan perder oportunidades inmensas de ayudar y ayudarse. Amar es servir a los demás, es sacrificarse. Amar es respetar. Amar es no mentirle a su prójimo, no envidiar, no ser manipulador o hipócrita. Amar es ser sencillo, humilde, transparente y servicial.

Dios nos da a cada uno diferentes talentos y diferentes habilidades para trabajar juntos y hacer cosas juntos.

Dios nos da a cada uno diferentes talentos y diferentes habilidades para trabajar todos juntos y hacer cosas juntos. No debemos criticar o tener celos por las habilidades o talentos que Dios le dio a otros. Hay que alegrarnos que haya gente que puede hacer lo que uno no puede.

Veamos el siguiente cuento:

En un pequeño pueblo, existía una diminuta carpintería, famosa por los muebles que allí se fabricaban.

Cierto día las herramientas decidieron reunirse en asamblea para aclarar sus diferencias. Una vez estuvieron todas reunidas, el martillo en su calidad de presidente tomó la palabra.

—Queridos compañeros, ya estamos constituidos en asamblea. ¿Cuál es el problema?

—Tienes que dimitir —exclamaron muchas voces.

—¿Cuál es la razón? —inquirió el martillo.

—¡Haces demasiado ruido! —se oyó al fondo de la sala, al tiempo que las demás afirmaban con sus gestos.

—Además —agregó otra herramienta— te pasas el día golpeando todo.

El martillo se sintió triste y frustrado. —Está bien, me iré si eso es lo que quieren. ¿Quién se propone como presidente?

—Yo, —se autoproclamó el tornillo.

—¡De eso nada! —gritaron varias herramientas. —Sólo sirves si das muchas vueltas y eso nos retrasa todo.

—¡Seré yo! — exclamó la lija.

—¡Jamás! —protestó la mayoría. —Eres muy áspera y siempre tienes fricciones con los demás.

—¡Yo seré el próximo presidente! —anunció el metro.

—De ninguna manera, te pasas el día midiendo a los demás como si tus medidas fueran las únicas válidas, —dijo una pequeña herramienta.

Son nuestras cualidades y no nuestros defectos las que nos hacen valiosas.

En esa discusión estaban enfrascados, cuando entró el carpintero y se puso a trabajar. Utilizó todas y cada una de las herramientas en el momento oportuno. Después de unas horas de trabajo, los trozos de madera apilados en el suelo fueron convertidos en un precioso mueble listo para entregar al cliente. El carpintero se levantó, observó el mueble y sonrió al ver lo bien que había quedado. Se quitó el delantal de trabajo y salió de la carpintería.

De inmediato la Asamblea volvió a reunirse y la chapa tomo la palabra: «Queridos compañeros, es evidente que todos tenemos defectos, pero acabamos de ver que nuestras cualidades hacen posible que se puedan hacer muebles tan maravillosos como éste». Las herramientas se miraron unas a otras sin decir nada y la chapa continuó: «Son nuestras cualidades y no nuestros defectos las que nos hacen valiosas. El martillo es fuerte y eso nos hace unir muchas piezas. El tornillo también une y da fuerza allí donde no actúa el martillo. La lija lima aquello que es áspero y pule la superficie. El metro es preciso y exacto, nos permite no equivocar las medidas que nos han encargado. Y así podría continuar con cada una de nosotras.»

Después de aquellas palabras todas las herramientas se dieron cuenta que sólo el trabajo en equipo les hacía realmente útiles y que debían fijarse en las virtudes de cada una para conseguir el éxito.

No es bueno guardarse los talentos para uno mismo.

Con este cuento damos conclusión a este libro. Para evitar ser un lagarto, hay que tener la sensatez de admitir que somos el complemento de alguien y que alguien nos complementa y que además no hay nadie perfecto.

Para vivir en sociedad es básico amar a nuestro prójimo y tener la actitud de servir. No es bueno guardarse los talentos para uno mismo. De alguna manera debemos poner a funcionar esos dones para el servicio de los demás. Pensemos en esto. No critiquemos a nadie, ni escondamos el talento que nos dieron, aunque nos parezca que es insignificante.

Hagamos nuestro trabajo con el amor de brindárselo a nuestros semejantes, sin tomar ventaja de nadie. El que ama de verdad no deja escapar ninguna ocasión para aprovechar sus dones y hacerlos fructificar en bien de los demás. Los individuos tenemos talentos infinitos. Cualquier cosa que Ud. haga, puede manifestar el amor que tiene por los demás: si escribe, o pinta, o toca algún instrumento; si es bueno para las artesanías manuales; si puede arreglar artefactos; si habla bien, o sabe escuchar; si puede analizar circunstancias; si puede administrar, etcétera. La lista puede alargarse infinitamente, y todas caben de manera perfecta en un plan para servir a la sociedad.

...el cultivo de las virtudes y de los talentos, debe ser nuestro propósito; y sobre todo, siempre con el prójimo en la mente.

Por lo tanto, el cultivo de las virtudes y de los talentos, debe ser nuestro propósito; y sobre todo, siempre con el prójimo en la mente. Cuando hagamos un trabajo en el que seamos buenos, siempre hagámonos esta pregunta: ¿cómo beneficia mi trabajo a mi prójimo? Asimismo preguntémonos cuando dejemos de hacer algo por nuestra comodidad — ¿cómo le afectaría?

Interdependientes y solidarios con otros, somos más fuertes y más eficientes que por separado. No importa cuántos defectos tengamos, siempre habrá una virtud que nos convertirá en especiales. En eso se basa la esencia del amor al prójimo.

FB 42845